Olaf Link

Solingen

Eine Zeitreise durch
650 **Jahre** Stadtgeschichte

SUTTON

Inhalt

Geleitwort des Oberbürgermeisters

Liebe Leserinnen und Leser,

die Stadt Solingen hat eine reiche und vielfältige Geschichte, die über Jahrhunderte hinweg gewachsen ist. Wir Solingerinnen und Solinger sind stolz auf unsere Wurzeln, unsere Traditionen und unsere Identität. Dieses Buch, das eine Sammlung von kurzen Aufsätzen zu vielfältigen Aspekten unserer Stadtgeschichte enthält, ist ein schöner Beitrag dazu, diese Geschichte lebendig zu erhalten, weil es sie uns in verständlicher Weise nahebringt. Noch dazu erscheint das Buch im Jubiläumsjahr der Stadt, in dem sich die Verleihung der Stadt- bzw. Freiheitsrechte zum 650. Mal jährt.

Die Aufsätze in diesem Buch zeichnen die Entwicklung Solingens nach, von den Anfängen als mittelalterliche Handwerksstadt bis hin zur modernen Industriestadt. Sie erzählen von den bekannteren und weniger bekannten Menschen, die diese Stadt geprägt haben, von ihren Erfolgen, Herausforderungen und Tragödien.

Unsere Geschichte ist ein lebendiges Erbe, das wir bewahren und respektieren müssen. Sie lehrt uns, wie wichtig Zusammenarbeit, Gemeinschaft und kulturelle Vielfalt für den Aufbau einer starken und lebenswerten Stadt sind. Die Geschichten spiegeln die Facetten dessen, was Solingen ausmacht, und das mag auch ein Hinweis darauf sein, wie wir uns weiterentwickeln können, ohne unsere Wurzeln zu vergessen.

Ich möchte dem Autor Olaf Link für seinen Einsatz und seine Recherchearbeit danken.

Ich lade Sie alle herzlich ein, sich auf die spannende Reise durch die Geschichte Solingens zu begeben, die Ihnen dieses Buch ermöglicht. Möge es dazu beitragen, unsere Wertschätzung für diese Stadt und ihre Geschichte zu vertiefen, und uns inspirieren, gemeinsam an einer guten Zukunft für Solingen zu arbeiten.

Vielen Dank und viel Freude beim Lesen!

Tim-O. Kurzbach
Oberbürgermeister der Klingenstadt Solingen

Dieser Band ist meine persönliche Liebeserklärung an Solingen, das im Jahr 2024 allen Grund zum Feiern hat.

Gehen auch die ersten Siedlungen auf dem heutigen Solinger Gebiet vermutlich auf das 8. oder 9. Jahrhundert zurück, so kommt dem 23. Februar 1374 in der Geschichte dieser Stadt doch eine herausragende Bedeutung zu. An diesem Tag nämlich erhob Graf Wilhelm von Berg den Ort zu einer Freiheit. Damit erhielt Solingen das Recht, sein Territorium durch Mauern, Türme und Tore zu festigen, einen wöchentlichen Markthandel zu betreiben und einmal im Jahr ein Fest zur Belustigung des Volkes abzuhalten.

Eine diesbezügliche Urkunde verlieh der Stadt eine relative Autonomie gegenüber der Obrigkeit. Man kann also sagen, dass Solingen durch dieses Dokument Stadtrechte besaß.

Als im Frühling 1974 das 600. Jubiläum gefeiert wurde, war ich 17 Jahre alt und nahm am damaligen Geschehen regen Anteil. Seitdem ist ein halbes Jahrhundert vergangen und die Stadt Solingen somit 650 Jahre alt.

Wie könnte ich als Autor regional- und lokalgeschichtlicher Bücher dieses Ereignis verstreichen lassen, ohne den Bürgerinnen und Bürgern einen Jubiläumsband zu präsentieren?

Ja, die Feier zum 650-jährigen Bestehen meiner Geburts- und Heimatstadt ist ein wunderbarer Anlass, einige Facetten aus deren Geschichte vorzustellen, die in der schon oft verfassten Historie Solingens kaum oder keine Erwähnung fanden. Ich bin sicher, dass Sie bei der Lektüre manches Neue erfahren werden.

Unsere Vorfahren haben in den vergangenen 650 Jahren viel durchlebt, sowohl schöne als auch schlechte Zeiten. Die hiesige Herkunft vieler auch gegenwärtig noch in Solingen lebender Familien lässt vermuten, dass das Schöne letztlich überwogen hat, sodass man dieser Stadt über Generationen hinweg treu geblieben ist.

Langsam, aber stetig ist Solingen gewachsen, nicht nur durch die am 1. August 1929 erfolgte Bildung Groß-Solingens infolge des Zusammenschlusses von Alt-Solingen mit Gräfrath, Höhscheid, Ohligs und Wald, dem im Jahr 1975 die Eingemeindung von Burg folgte. Nach anfänglichem Fremdeln und mancherlei Sticheleien haben sich die in den verschiedenen Stadtteilen lebenden Menschen längst aneinander gewöhnt.

Gemeinsam haben wir trotz aller Widrigkeiten das Potenzial, das heutige Solingen so weiterzuentwickeln, dass sich auch zukünftige Generation hier wohlfühlen und mit Freude im Jahr 2074 das 700-jährige Bestehens der Stadt feiern werden.

Nun lade ich Sie ein zu einer Reise in die Vergangenheit Solingens und hoffe, dass Sie die geschilderten Ereignisse miterleben können bzw. nachzuempfinden vermögen.

Olaf Link

Schlagbaum

Muss man partout einen Ort in einem Jubiläumsband erwähnen, der so manchen Solingern und solchen, die die Stadt durchqueren, nahezu regelmäßig Zeit und Nerven kostet? Insbesondere während der Stoßzeiten morgens und am Nachmittag bedarf es viel Geduld derjenigen, die den Schlagbaum mit einem Fahrzeug passieren möchten.

Bereits gegen Mitte des 18. Jahrhunderts klagten Fuhrleute über die dortige Situation. Dabei ging es allerdings nicht um die heute obligatorischen Staus, die zu jener Zeit noch unbekannt waren. Der Zustand der viel be- und deshalb ausgefahrenen Straße aber war immer wieder Gegenstand der Kritik.

Noch 1715 scheint der Ort so unbedeutend gewesen zu sein, dass er in dem von dem Kartographen Erich Philipp Ploennies gefertigten Stadtplan nicht verzeichnet wurde. Markiert aber war die Kreuzung jener beiden Straßen, die von Gräfrath bzw. von Kohlfurth nach dort und weiter nach Solingen führten. Erst ein neun Jahre später erstellter Plan weist eine Hofschaft namens Schlagbaum aus. Auf einer Karte aus dem Jahr 1844 waren statt Schlagbaum „Groß Schlagbaum" und die ehemalige Hofschaft Kullen zu finden, auf die heute nur noch die Kuller Straße hinweist. Kullen galt als „Klein Schlagbaum".

1871, nach Gründung des Deutschen Kaiserreichs, wurde auf einer Karte nur noch Schlagbaum verzeichnet. Zwischenzeitlich wurde eine von dort zum Central führende neue Straße angelegt. Vom Central aus führte eine Chaussee nach Wald.

Worauf ist die Bezeichnung „Schlagbaum" zurückzuführen? Gab es hier einen mit Schranke versehenen Grenzübergang? Einer auf den 13. Juli 1798 datierten Urkunde zufolge befand sich an jener Stelle eine „Bariere", an der man von den Fuhrleuten ein Wegegeld kassierte, das die Stadt Solingen sowie die Kirchspiele Wald und Sonnborn vereinnahmten.

Schlagbaum bildete ein Dreistädteeck, trafen hier doch die Bürgermeistereien Solingen, Gräfrath und Wald zusammen, was den Ort für Handel und Gewerbe besonders attraktiv machte. Ein bauliches Zeugnis jener Zeit bilden die Villen der Brüder Carl und Reinhard Christians, Residuen jener 1824 gegründeten und 1860 zum Schlagbaum verlegten Stahlwarenfabrik.

Den Villen gegenüber befand sich die im April 1877 abgebrannte Schützenburg, Solingens Theater, Konzert- und Ballhaus, architektonisch in der Tat einer Burg nachempfunden. Nachdem 80 Jahre später auch der Nachfolgebau ein Raub der Flammen geworden war, kam es zur Errichtung des heute noch an selbiger Stelle gelegenen Theater- und Konzerthauses.

Wo das Leben pulsierte, siedelten sich auch gastronomische Betriebe an. Besonders beliebt soll die „Gastwirtschaft Koch" gewesen sein. Wo in fröhlicher Runde gezecht wurde, verlor man wohl auch damals schon allzu leicht die Kontrolle über sich und mitgeführte Gegenstände. „Heute vor 4 Wochen, den 30. Juli, wurde auf dem Wege vom Schlagbaum bis nach Ketzberg eine Pfeife verloren", so war im „Solinger Kreis- und Intelligenzblatt" vom 25. August 1838 zu lesen. Der Finder wurde gebeten, diese bei Benjamin Halbach am Ringelshäuschen abzugeben. In der Ausgabe dieser Zeitung vom 17. November 1838 hieß es: „Am Sonntag, den 11. d. M. ist zwischen dem Schlagbaum und Solingen ein Tabacksbeutel verloren worden."

Schlagbaum – bereits im 18. Jahrhundert ein Verkehrsknotenpunkt.
Aber auch darüber hinaus pulsierte dort das Leben.

Wie mögen sich die Gäste der Wirtshäuser wohl verhalten haben, dass sich ein
Wilhelm Weber veranlasst sah, im „Solinger
Kreis- und Intelligenzblatt" vom 15. Mai
1839 das Folgende mitzuteilen: „Das Gehen
über meine Felder vom Schlagbaum bis an
die Gräfrather Chaussee wird jedem hiermit untersagt und werde ich die Dawider-
handelnden zur gerichtlichen Bestrafung
anzeigen."

Muss man, um auf die anfangs gestellte
Frage zurückzukommen, den Schlagbaum
in einem Jubiläumsband erwähnen? Man
sollte es tun, denn seine Geschichte, die hier
nur in groben Zügen nachgezeichnet werden
konnte, ist es allemal wert.

Beachtungswerth!
Ich empfehle mich im Waschen aller Sorten von
Glacé-, Wasch- und Hirschleder-Handschuhen ꝛc. ꝛc.,
so, daß dieselben von allen Schweiß-, Blut-, Tin-
ten- und Fettflecken gereinigt, sie den neuen an Rein-
heit gleichen, keinen Geruch zurücklassen, noch an
Farbe oder Elastizität verlieren. Noch Keinem ist
diese Art Kunstwäsche früher gelungen; deshalb bitte
ich um viele geneigte Aufträge. Das Paar Hand-
schuhe zu waschen kostet 2 1/2 Sgr.
                        Louis Müller, am Schlagbaum.

„Solinger Kreis-Intelligenzblatt" vom 16. August 1848.

Heute vor 4 Wochen, den 30. Juli, wurde
auf dem Wege vom Schlagbaum bis nach Ketzberg
eine Pfeife verloren. Dieselbe bestand aus einem
porzellanenen Stummel mit silberner elastischer
Spitze, hornenem Rohr und Wassersack, mit einer
silbernen Kette. Der redliche Finder wird gebeten,
dieselbe gegen eine gute Belohnung bei Benjamin
Halbach am Ringelshäuschen abzugeben.

„Solinger Kreis-Intelligenzblatt" vom 25. August 1838.

Schlagbaum um 1905. Mehr als Personenkraftwagen bestimmten Pferdefuhrwerke sowie die Straßenbahn den Verkehr. Wer würde es heute noch wagen, sich mitten auf die Straße zu stellen?

Epidemien und Impfgegner in Solingen

Bei den zahlreichen verheerenden Pest-seuchen, die in Mittelalter und Früher Neuzeit auch immer wieder Solingen heimsuchten, erhoffte sich die Bevölkerung Schutz durch den heiligen Reinhold von Köln, der wohl nur in Legenden existierte.

Der Begriff Pest war ursprünglich ein Sammelbegriff, der auf verschiedene seuchenartige Krankheiten angewandt wurde, u. a. auch auf die Rote Ruhr, die im Jahr 1726 in Solingen, das damals knapp 12.000 Seelen zählte, etwa 960 Tote forderte, davon 450 allein von August bis Oktober. Im Kampf gegen diese Krankheit kamen getrocknete Heidelbeeren oder eine Rhabarbertinktur zum Einsatz. Nachdem man offenbar eingesehen hatte, dass solcherlei Maßnahmen keine Wirkung zeigten, verbot der Rat der Stadt die Einfuhr von Pflaumen, hielt man diese doch für die Rote Ruhr verantwortlich.

Im Jahr 1779 wurde seitens des Medizinalrats davor gewarnt, sich Kurpfuschern und Scharlatanen anzuvertrauen, in der Hoffnung, diese hätten Mittel, sich gegen die Rote Ruhr zu schützen. Ratsam sei es hingegen, Branntwein, Bier, Kuchen und würzige Speisen zu meiden, da diese das Blut erhitzten und die Galle scharf machten. Auch Wutausbrüche sollte man möglichst unterdrücken, pressten solche doch mehr Galle in die Därme als gewöhnlich. Wer sich mit der Roten Ruhr infiziere, solle nicht gleich alle Hoffnung auf Heilung verlieren und die Seuche als unmittelbare Strafe Gottes deuten, gegen die keinerlei Mittel etwas auszurichten vermag.

Im ersten Quartal des 19. Jahrhunderts fielen viele Menschen einer anderen Seuche zum Opfer: dem Typhus, der auch bereits während des Dreißigjährigen Krieges in der Region gewütet hatte.

Mangels Kanalisation wurden vielfach Fäkalien in Gruben gesammelt und als Dünger auf die Felder gegeben. Epidemien waren deshalb vorprogrammiert. So blieb die Stadt in den ersten Jahren des 19. Jahrhunderts auch vor den Pocken nicht verschont, an denen etwa ein Drittel aller Infizierter starb.

Nach wissenschaftlichen Vorarbeiten von Louis Pasteur, Robert Koch und dem im bergischen Elberfeld geborenen Aloys Pollender gelang es, eine Immunisierung mittels Impfstoffen herbeizuführen, sodass es ab 1874 im Deutschen Reich zu einer Impfpflicht kam.

Geht den Menschen im Bergischen Land der Ruf voraus, starrsinnig zu sein, unnachgiebig auf einer längst widerlegten Meinung zu verharren, so scheint der Solinger hierin von jeher zu den besonders extremen Vertretern gehört zu haben. „Impfung? Nein danke!", so lautete bei vielen von ihnen die Parole.

Im März 1924 schlossen sich die Solinger Impfgegner zu einem Verein zusammen, der am 10. April zu einer ersten Versammlung in den Kaisersaal einlud und von „in einem ursächlichen Zusammenhang mit der Impfung stehenden Todesfällen" berichtete, die man als „Impfjustizmorde" („Solinger Tageblatt" vom 15. April 1924) bezeichnete. Hatte das Reichsgesundheitsamt für den Zeitraum von 1911 bis 1920 insgesamt 61 Todesfälle nach Impfungen registriert, glaubten die Solinger Impfgegner an einen „Impffriedhof" mit 34.000 Opfern. Bis weit ins Jahr 1925 machte der Verein durch Veranstaltungen und Petitionen auf sich aufmerksam.

Ähnlichkeiten mit Ereignissen während der Corona-Pandemie zum Beginn der 2020er-Jahre drängen sich geradezu auf.

5. Impfgegnerverein. Die vom Impfgegnerverein, Ortsgruppe Solingen des Reichsverbandes zur Bekämpfung der Impfung, einberufene Monatsversammlung war äußerst zahlreich besucht. Unter „Geschäftliches" wurden die eingegangenen Schreiben zur Vorlesung gebracht und dann der 2. Punkt der Tagesordnung, Impffragen, zur Diskussion gestellt. Dieser Punkt brachte eine besonders rege Aussprache, da wieder mehrere Bürger wegen Nichtimpfens ihrer Kinder Strafmandate erhalten haben. Es wurde den Mitgliedern Aufklärung gegeben über ihr ferneres Verhalten und soll in der nächsten Versammlung der als 3. Punkt auf der Tagesordnung stehende Vortrag: Wie verhalte ich mich gegenüber der Impfung und deren Folgen, gehalten werden. Es wurde bedauert, daß die Behörden der Impffrage so wenig Verständnis entgegenbringen. Es wurde beschlossen, Aufklärung in die weitesten Kreise zu bringen, besonders die Gewerkschaften usw. auf die Gefahren der Impfung aufmerksam zu machen, damit vor allem das Hauptziel unserer Bewegung: „Einführung der Gewissensklausel" erreicht wird. Zu diesem Zweck wurden für jeden Bezirk Vertrauensleute gewählt, bei welchen Auskunft in allen die Impfung betreffenden Fragen einzuholen ist. Auch sind dort Aufklärungsschriften zum Verleihen ausgelegt.

„Bergische Zeitung" vom 20. März 1923.

Impfgegner!   Impfgegner!

Donnerstag, den 10. April cr., abends 8 Uhr, im Kaisersaal, Solingen,

Großer öffentlicher

Impfgegner - Vortrag

Referent: Gerichtsarzt Dr. med. (Jur. phil. dent.) **Hammer-Berlin** und Prof. **Mirus**, Eberstadt, Vors. des Reichsverbandes zur Bekämpfung der Impfung.

Thema: Das Reichsimpfgesetz, seine schädlichen Folgen und seine notwendige Abänderung.

Freie Aussprache!   Freie Aussprache!

Die Herren Aerzte und die Vertreter der Behörden sind hiermit besonders eingeladen.

> Für die Hunderte von Eltern Solingens, die gegen die Impfung sind, ist hier eine nicht so schnell wiederkehrende Gelegenheit, sich durch eine gründliche Darstellung der ganzen Frage aufklären zu lassen!

Soll das am 8. April 1924 50 Jahre lang bestehende Impfgesetz noch weitere 50 Jahre so bestehen bleiben?

Impfgegner erscheint in Massen!

„Bergische Zeitung" vom 9. April 1924.

Alle Mitbürger, welche die neuesten polizeilichen Aufforderungen, enthaltend die Androhung der

zwangsweisen Vorführung

ihrer Kinder zur Impfung, erhalten haben, sowie überhaupt

alle Impfgegner

werden hierdurch zwecks Gründung eines

Impfgegner=Vereins

zu einer **Besprechung** auf Samstag Abend 8½ Uhr, Restaurant „Germania" (C. Melcher) eingeladen.

Wald, den 20. August 1901.

Carl Zehen, Gustav Adolf Merz, Friedrich Hessenbruch, Hub. Kurth, E. von den Steinen, Max Rautenberg, Louis Hüsmert, Jul. Bald.

„Walder Zeitung" vom 23. August 1901.

Nachricht an's Publikum!

Der durch seine Bestrebungen für gründliche Verbesserung des öffentlichen Gesundheitswesens bekannte Lehrer der „Urgesundheitskunde", Ernst Mahner, ist hier angekommen, um Freitag den 14. Juli, so wie Samstag den 15., im Locale des Herrn Rösgen zu Weeg, einige Vorlesungen über die „angeborne Gesundheitskunst" zu halten, welche den Menschen befähigen soll, sich auf sein ganzes Leben vor den meisten innern Krankheiten zu bewahren, das Leben zu kräftigen und zu verlängern. Ueberall fand dieser Gesundheitslehrer die lebendigste Theilnahme, weshalb wir nicht unterlassen, auf seine eben so interessanten als überaus nützlichen Vorlesungen im Interesse des Publikums aufmerksam zu machen.

Solingen.   A. — Z.

„Solinger Kreis-Intelligenzblatt" vom 15. Juli 1848.

Karl Mager – Wissenschaftler und Begründer des Begriffs „Social-Pädagogik"

Auch wenn er heute allgemein nicht so bekannt ist, wie er es verdiente, zählt er doch zweifellos zu den herausragenden Persönlichkeiten des Bergischen Landes: Karl Mager, am 1. Januar 1810 als Sohn eines Schneiders in Gräfrath, seit 1929 Stadtteil von Solingen, geboren.

Schon in der Elementarschule fiel seine Hochbegabung auf, sodass sein Lehrer ihn nach dem regulären Unterricht einzeln förderte. Später fand Mager Aufnahme in dem in der Citadellstraße in Düsseldorf gelegenen Gymnasium, in dem er 1828 das Abitur machte. Es folgten Studien der Philologie und Philosophie an der Universität Bonn, dann der Naturwissenschaften in Paris.

Zunächst aber ereignete sich Unvorhergesehenes: Kaum in der französischen Metropole angekommen, lernte er den mehr als 40 Jahre älteren Forschungsreisenden Alexander von Humboldt kennen, mit dem er 1829 zu einer fast sechs Monate währenden Reise in das Zarenreich Nikolaus I. aufbrach. Nachdem die beiden mehr als 18.000 Kilometer zurückgelegt hatten, widmete sich Mager endlich seinen Studien, bis er 1833 nach Berlin wechselte, wo er in Naturwissenschaften promovierte und Vorlesungen in Geschichte, Literatur- und Sprachwissenschaften sowie Philosophie hörte. In Berlin fühlte er sich stark von der Philosophie des dort zwei Jahre zuvor gestorbenen Georg Wilhelm Friedrich Hegel angezogen.

In eben diesem Jahr erhielt Mager eine Professur für deutsche Sprache und Literatur in Genf, wo er bis 1843 blieb. Schon nach kurzem Aufenthalt bekannte Mager in einem an die „Rheinische Zeitung" gerichteten Schreiben seine Sehnsucht nach dem Bergischen Land. Tatsächlich allerdings führte ihn der Weg nach Stuttgart, wo er fortan als freier Schriftsteller wirkte. Spätestens dort ging er auf kritische Distanz zu Hegel und zeigte sich fasziniert von den Werken des Philosophen, Psychologen und Pädagogen

Karl Wilhelm Mager.

Karl Mager, geboren am 1. Januar 1810 in Gräfrath. Auf ihn geht der Begriff „Social-Pädagogik" zurück.

Teilansicht von Gräfrath, um 1885. Aus dem Ensemble von Häusern ragt das Kloster heraus.

Johann Friedrich Herbart, der Bildung und Erziehung erstmals auf eine wissenschaftlich fundierte Grundlage stellte.

In einem am 3. März 1843 an Dagobert Oppenheim, Herausgeber der erwähnten „Rheinischen Zeitung", gesendeten Brief steht zu lesen: „Die deutsche Philosophie ist jetzt wieder in der günstigen Lage, dass jeder, der sich mit der Philosophie beschäftigt, selbst denken muss, weil es keine herrschende Schule mehr gibt, die die alleinseligmachenden Lehrer gepachtet hat."

Nachdem sich Gelehrte und Politiker zunehmend und immer heftiger darüber stritten, ob der Unterricht in der Bürgerschule der Allgemeinbildung dienen oder auf eine berufsspezifische Ausbildung reduziert werden sollte, meldete sich auch der sich intensiv mit Bildung und Erziehung befassende Mager zu Wort.

Neben dem 14 Jahre jüngeren, bei Wermelskirchen geborenen Pädagogen Friedrich Wilhelm Dörpfeld zählte Mager zu den radikalsten Verfechtern schulischer Selbstverwaltung. Dörpfeld schätzte seinen bergischen Kollegen so sehr, dass er diesen in seinem Werk „Freie Schulgemeinde" ausführlich zitierte.

Mager war ein Anhänger der Realschule. Mittels der von ihm geschaffenen Bürgerschule wollte er jenen eine gute Allgemeinbildung vermitteln, die auf Berufe zusteuerten, für die sie keines Studiums des Griechischen und Lateinischen bedurften.

Eine bereits in seiner Genfer Zeit diagnostizierte Erkrankung des Rückenmarks führte in den 1850er-Jahren zu einer vollständigen Lähmung. Mager, der sich allerorten als „Sohn des Bergischen Landes" bezeichnete, starb im Alter von nur 48 Jahren.

Das Stadtwappen

W as haben die Landeshauptstadt Düsseldorf, die Städte Remscheid und Düsseldorf, der Kreis Mettmann, der Rheinisch-Bergische, der Oberbergische sowie der Rhein-Sieg-Kreis gemeinsam? Sie alle haben auf ihren Wappen den Bergischen Löwen, einstmals Symbol der hiesigen Herrschaft, verewigt. Auch Vereine wie Bayer Leverkusen, die Düsseldorfer EG und der Bergische HC haben das Bergische Wappentier zu einem Bestandteil ihrer Insignien erwählt. Heinrich IV. von Limburg, verheiratet mit Irmgard von Berg, regierte von 1225 bis 1246 von der im heutigen Solinger Stadtteil Burg gelegenen Höhenburg aus die Grafschaft Berg und versah deren Wappen mit dem gekrönten, mit geteiltem und gekreuztem Schwanz versehenen Löwen, dessen herausgestreckte Zunge den Eindruck erweckt, als lechze er nach Eroberungen. Die ausgreifenden Pranken deuten auf Angriffslust. Als wolle er – einem Hund gleich – sein Revier markieren, ist das rechte Bein leicht angehoben.

War es nun die Friedensliebe der Solinger, die gerade sie – anders als die anderen

Das Wappen von Alt-Solingen aus dem Jahr 1630.

14

Städte und Gemeinden des Bergischen Landes – übereinkommen ließ, auf den Löwen im Wappen ihrer Stadt zu verzichten? Wohl kaum, entschieden sie sich doch nicht nur dafür, Schwerter, Degen und andere Kriegsgeräte zu produzieren und exportieren, sondern die Hieb- und Stichwaffen auch in ihr Wappen aufzunehmen.

Was aber macht der Anker im Zentrum des Wappens? Deutet er darauf hin, dass den hier lebenden Menschen seinerzeit das Wasser bis zum Hals stand? Mitnichten. Clemens I., dritter Nachfolger des Apostels Petrus als Bischof von Rom, gilt als Schutzheiliger der Solinger Christen. Er soll einer Legende zufolge den Märtyrertod erlitten haben, indem er auf der Krim mittels eines Ankers im Meer versenkt wurde.

Zeigte das Solinger Stadtsiegel bis Mitte des 15. Jahrhunderts noch ein Abbild des Heiligen, wurde er etwa zweihundert Jahre später gar im päpstlichen Ornat abgebildet, so war er als Person bei der Gestaltung des Siegels Ende des 18. Jahrhunderts nicht mehr vertreten und wurde durch den Anker ersetzt.

Nachdem es 1929 im Rheinland zu einer Neugliederung der Städte und Gemeinden gekommen und Solingen mit Gräfrath, Höhscheid, Ohligs und Wald vereinigt worden war, hielt man die Zeit für ein neues Stadtwappen für gekommen, das vom Oberpräsidenten der Rheinprovinz allerdings erst am 17. Juli 1935 genehmigt wurde.

Dominiert auf den Wappen der anderen bergischen Städte, Gemeinden und Kreise der rote Löwe, so ist das Wappen Solingens in blau und gelb gehalten. Dabei galt diese Stadt in den ersten beiden Dezennien des 20. Jahrhunderts als „rotes Solingen", war doch hier

Das seit der Städtevereinigung gültige Wappen Solingens.

eine Hochburg der sozialdemokratischen und kommunistischen Arbeiterschaft.

Wie bereits das 1795 verwendete Stadtsiegel zeigt das 1935 genehmigte Wappen gekreuzte Schwerter und den Anker, ergänzt um eine fünf Türme umfassende Mauerkrone. Anlässlich der 1975 erfolgten Eingemeindung von Burg nach Solingen wurde in der Bevölkerung darüber nachgedacht, ob das Wappen nun um einen sechsten Turm ergänzt werden müsse. Historiker und Heraldiker klärten auf, dass im preußischen Staat fünf Türme auf mehr als 10.000 Einwohner einer Stadt hinwiesen, diese also nicht stellvertretend für die eingemeindeten Orte stehen.

Da Burg somit kein eigenes Türmchen auf dem Wappen erhielt, müssten sich die Solinger auch keinen Zacken aus dessen Krone brechen, sollte Burg – wie von manchen dort Lebenden gewünscht – einmal Wermelskirchen zugeschlagen werden.

Der Wandel des Gerichtswesens

Bereits einige Jahrzehnte bevor König Wenzel 1380 die Grafschaft Berg zum Herzogtum erhob, kam es zur Bildung landesherrlicher Gerichtsbezirke. Zum Solinger Gerichtsbezirk gehörten auch Düssel, Gruiten, Hilden, Schöller, Sonnborn und Wald. Dass Solingen zum Ort der Gerichtsbarkeit bestimmt worden war, erhöhte dessen regionale Bedeutung und war ein wesentlicher Schritt hin zur Stadtwerdung. Nachdem Solingen im Jahr 1374 die Stadtrechte erhalten hatte, befanden sich innerhalb dessen Grenzen neben dem Land- auch ein Stadtgericht.

Bemühte sich Kaiser Karl V. darum, den deutschen Kleinstaaten eine einheitliche Rechtsordnung zu geben, die exemplarisch in dessen „peinlicher Gerichtsordnung" aus dem Jahr 1532 ihren Ausdruck fand, so scheint das im Herzogtum Berg praktizierte Strafrecht in seiner Schärfe zumindest ein wenig hinter dieser zurückgeblieben zu sein. Die 1555 eingeführte Jülich-Bergische Rechtsordnung sah eine Zusammenlegung des Solinger Land- und Stadtgerichtes vor, die jedoch nicht realisiert wurde.

Die neue landesherrliche Rechtsordnung verlangte die Beteiligung von Schöffen an den Verhandlungen vor Gericht. Bei diesen musste es sich um „fromme, redliche, verständige, unverläumdete Persohnen eines ehrbaren Wesens und Wandels, rechter

Das Amtsgericht Wupperstraße, um 1860. Das Ende 1917 erweiterte Gebäude dient seit 1999 als Arbeitsgericht.

natürlicher Geburt, eines vollkommenen Alters, auch Haabselig, auch des Land-Rechten, alther gebrachter Gewohnheit und gerichtlicher Sachen geübt und erfahren" handeln.

Ein im Jahr 1726 erbautes Gerichtsgebäude befand sich unweit des offiziell „Amtstor" genannten Weges, der gegenüber dem Finanzamt die Goerdelerstraße mit der Hauptstraße verbindet.

Im 18. Jahrhundert, insbesondere während des Winters 1789/90, litt die Bevölkerung des Bergischen Landes nicht selten Hunger. Infolge der Not nahm die Zahl der Diebstähle drastisch zu. Entsprechend streng war die Bestrafung. Wie der „Churfürstlich privilegierten Bergischen Provinzialzeitung" Nummer 3 aus dem Jahr 1781 zu entnehmen ist, wurde ein Diebstahl von Lebensmitteln mit Pranger, 30 Rutenstreichen und anschließender 15-tägiger Zuchthaustrafe geahndet.

Trotz solch strenger Strafen war Diebstahl und Raub kaum beizukommen. In der in Solingen herausgegebenen Zeitung „Der Verkündiger" hieß es am 6. November 1811: „Welche Ursachen auch angegeben werden können, um das Ueberhandnehmen des Mauserns und Stehlens unter kultivierten Menschen begreiflich zu machen, so ist doch dadurch nichts entschuldigt, kein Diebstahl gerechtfertigt, denn er ist und bleibt, von welcher Art er auch sey, Uebertretung des ersten Gesetzes der bürgerlichen Gesellschaft. Allen muß daran gelegen seyn, daß der Besitz des Eigenthums gesichert sey."

Stammt diese Klage auch aus jener Zeit, in der Napoleon I. das ihm von Maximilian I. Joseph von Pfalz-Bayern überlassene Territorium in das Großherzogtum Berg umwandelte, so ist doch anzuerkennen, dass in dieser von 1806 bis 1813 dauernden Phase das Rechts- und Verwaltungswesen grundlegend modernisiert wurde. Der neuen Gerichtsordnung entsprechend wurde zum Ende des Jahres 1811 das erstinstanzliche Friedensgericht Solingen etabliert. Als das Bergische Land drei Jahre später Preußen zufiel, wurde die Gerichtsordnung zunächst weitgehend beibehalten, später das Solinger Friedensgericht dem Landgericht Elberfeld nachgeordnet.

Erst die Gründung des Deutschen Reichs im Jahr 1871 zog eine grundlegende Umstrukturierung der Gerichtsorganisation nach sich. Infolge der am 1. Oktober 1879 in Kraft getretenen Reichsjustizgesetze wurden die Friedensgerichte durch Amtsgerichte ersetzt. Im selben Jahr wurde die in der Wupperstraße gelegene Jagenberg'sche Villa als Gebäude des Solinger Amtsgerichtes umgebaut.

Hatten sich schwerer Verbrechen Angeklagte aus Solingen bisher vor dem Elberfelder Gericht zu verantworten, so wurde nun unter Vorsitz des bisherigen Solinger Richters Mathieu als erstem Amtsgerichtsrat und Leiter des Amtsgerichtes direkt vor Ort verhandelt.

Im Jahr 1999 zog das Amtsgericht in einen in der Goerdelerstraße gelegenen Neubau, kaum einen Kilometer von seiner vorherigen Stätte entfernt, die seitdem das Arbeitsgericht beherbergt.

Der Rausch liegt im letzten Glase (Otto von Bismarck)

Von jeher scheinen die Menschen im Bergischen Land in besonderer Weise dem Alkohol zugesprochen zu haben. So berichtete Venantius Fortunatus bereits im 7. Jahrhundert von unseren Vorfahren, diese hätten bis zur Bewusstlosigkeit um die Wette getrunken.

Bis ins frühe 9. Jahrhundert war das Brauverfahren ein recht primitives, das Bier von solch minderer Qualität, dass wir heute Lebenden es kaum zu schlucken vermocht hätten. Irgendwann wurde in der hiesigen Region Gagel (Myrica gale) zum Bierbrauen

verwendet, eine Strauchpflanze, die im heutigen Rhein-Sieg-Kreis sowie in der Hildener Heide in großer Menge zu finden war. Das mit Gagel gebraute Bier wurde als Grut, Gruth, Gruys sowie Gruyt bezeichnet.

So ist die Bezeichnung „Gruys" in einem Vertrag aus dem Jahr 1355 zu finden, mit dem die Übertragung der Herrschaft Hardenberg auf Graf Gerhard von Jülich-Berg geregelt wurde. In diesem Zusammenhang ging auch die Braugerechtigkeit an diesen. Die auf Schloss Burg an der Wupper residierenden Grafen oder Herzöge von Berg hatten innerhalb ihres Herrschaftsgebietes das alleinige Braurecht, das sie verpachteten.

Von geharzten Bieren wissen wir von dem Mediziner Johann Placotomus, der im 16. Jahrhundert lebte und notierte: „Sie halten sich zwar besser, bringen aber auch leicht Kopfweh, besonders denen, die einen heißen und kranken Kopf haben." Zu späteren Zeiten wurde auch Zitronen-, Anis-, Beifuß- sowie Salbei- und Wacholderbier hergestellt.

Der Alkoholkonsum in unserer Gegend war so intensiv, daraus resultierende Streitereien und Raufereien nahmen so inakzeptable Formen an, dass sich nicht nur die Gerichte immer wieder damit zu befassen hatten, auch landesherrliche Anordnungen und Edikte wie die des Herzogs Wilhelm von Berg aus dem Jahr 1554 stellten vergebliche Versuche dar, die Trunksucht zu reglementieren.

Der in Gräfrath niedergelassene Optiker Rudolph von Brosy war in der ersten Hälfte

Schon immer liebten die Solinger ihr Bier. Wo man zusammen trank, wurde „platt gekallt". Ansichtskarte, gelaufen 1914.

Brauerei Carl Beckmann, auf das Jahr 1753 zurückgehend. 1991 wurde letztmalig gebraut.

des 19. Jahrhunderts der Einzige im weiten Umkreis von Solingen, der Alkoholometer, also den Alkoholgehalt von Flüssigkeiten messende Geräte, vertrieb.

Während dieser Zeit entdeckte man, dass die bisher für Unkraut gehaltene Sorghumhirse, die vorzugsweise dort wächst, wo auch Mais gedeiht, zur Herstellung von Alkohol dienen kann. Dem „Solinger Kreis-Intelligenzblatt" vom 2. Januar 1858 war zu entnehmen, dass eine Brennerei aus einhundert Kilogramm dieser Pflanze sechs Liter Alkohol zu gewinnen vermochte.

Im Jahr 1834 gab es im Bergischen Land 183 Brauereien, die sich in den damals bestehenden Kreisen Düsseldorf, Elberfeld-Barmen, Solingen, Lennep, Gummersbach, Siegburg und Waldbröl zentrierten. Die meisten dieser Brauereien waren unmittelbar mit Schankwirtschaften, manche auch mit landwirtschaftlichen Betrieben verbunden.

„Bier ist kein Gift", so lautete der Titel einer Broschüre, die ab April 1843 in der Solinger Buchhandlung Friedrich Amberger für 2 ½ Silbergroschen zu bekommen war.

Im Jahr 1861 verdingten sich in den Brauereien des Kreises Solingen 70 Arbeiter. Bei den Brauereien, die es in der zweiten Hälfte des 19. Jahrhunderts im Bergischen Land gab, handelte es sich um Kleinbetriebe, die nicht in der Lage waren, den Bedarf der hiesigen Bevölkerung zu decken. Deshalb musste Bier importiert werden. So hieß es in einer Statistik des Regierungsbezirks Düsseldorfs aus dem Jahr 1864: „Die Brauereien produzieren bei weitem nicht das kolossale Quantum für die gedrängte Bevölkerung. Wohl ist bemerkbar, dass die Brauereien durch Einführung verbesserter Braumethoden den Anforderungen des konsumierenden Publikums nachzukommen strebten, allein es ist bekannt, dass die Einführung von fremden Bieren noch große Dimensionen hat."

Einem von Georg Freiherr von Hauer, dem Landrat des Kreises Solingen erstellten Bericht aus dem Jahr 1830 ist zu entnehmen, dass 17 Brauereien exakt die doppelte Anzahl an Brennereien gegenüberstanden, welche allerdings ebenfalls „bei weitem nicht den

Bedarf liefern, welche die Konsumtion dieses verderblichen Getränkes erfordert."

Wie sehr die Menschen des Bergischen Landes dem Wacholderschnaps zusprachen, lässt sich erahnen, wenn man weiß, dass im Jahr 1801 das Abhauen von Wacholdersträuchern polizeilich verboten wurde. Bei Zuwiderhandlung waren 25 Reichstaler Strafe zu zahlen.

Das in Elberfeld herausgegebene „Bergische Magazin" widmete sich vornehmlich Themen aus dem Bereich der Medizin. Der Alkoholismus als ein im Bergischen Land besorgniserregendes Phänomen war wiederholt Thema der Zeitung. Unter der Überschrift „Die schädlichen Folgen des öfteren Berauschens, moralisch und physisch

Ein Grund, um gemeinsam Hopfensaft zu genießen, war immer schnell gefunden. Ansichtskarte, Motiv von 1912.

betrachtet von Johann Heinrich Scheller, Wundarzt und Geburtshelfer zu Löhdorf im Amt Solingen" schrieb der Autor, er habe „häufiger Gelegenheit, den übermäßigen Genuss des Branntweins mit Unwillen zu sehen, und die Folgen davon als Wundarzt zu behandeln." Er zog insbesondere gegen den Alkoholkonsum von Kindern zu Felde: „Kinder von vier oder fünf Jahren begleiten ihre Väter in Wirthhäuser und lernen zur Freude der dort versammelten Gesellschaft – aber leider viel zu früh – den Branntwein gläserweise ausleeren."

Die „Ohligser Zeitung" vom 26. August 1873 berichtete von einem dreijährigen Jungen, der Opfer solchen Alkoholkonsums wurde: „Zwei übermüthige, um nicht zu sagen ruchlose, Menschen hatten dem Kinde so vielen Branntwein gegeben, daß es nach fünf Stunden starb."

Gaststätten, die neben Bier und Wein auch Branntwein anboten, machten durch ein „Weckelnsträußchen", einen aus Wacholderzweigen gebundenen Strauß, den der Wirt neben die Eingangstür hing, auf sich aufmerksam.

Bis weit ins 19. Jahrhundert hinein wurde auch in Solingen immer wieder darüber geklagt, dass es selbst vor und nach Beerdigungen zu alkoholbedingten Exzessen kam.

Von einem Wirt, der vor seiner Bestattung in Gegenwart eines Richters obduziert wurde, berichtete die „Solinger Zeitung" am 21. Dezember 1888. Der Tote nämlich war von seinem Sohn mit zwei Schüssen aus einem Revolver niedergestreckt worden. Die Untersuchung der Leiche ergab, dass der Tod nicht infolge der Schusswunden, sondern aufgrund einer Alkoholvergiftung herbeigeführt worden war, woraufhin der Sohn aus der Untersuchungshaft entlassen wurde.

Titelte die „Süddeutsche Zeitung", als sie am 17. Mai 2010 über Exzesse in einigen Kasernen der Bundeswehr berichtete, „Trinken von Alkohol wird praktisch befohlen", so

scheint das soldatische Bedürfnis des Alkoholkonsums auch in früher Zeit nicht gering gewesen zu sein, standen doch während der gegen Napoleon gerichteten Befreiungskriege den hiesigen Soldaten täglich 0,11 Liter Branntwein zu. Offiziere durften zwischen Branntwein und Rum wählen.

In der „Solinger Zeitung" vom 10. Januar 1921 war hinsichtlich des hiesigen Kreises zu lesen, dass „an Offiziere und Offiziersvertreter der alliierten Armeen Alkohol und schwerere Weine innerhalb der zum Verschank dieser Getränke gestatteten Stunden verabfolgt werden" dürfen.

Immer wieder wurde in der Lokalpresse von Ruhestörungen, wenn nicht gar Prügeleien berichtet, die Folge der Trunksucht waren. So meldete das „Volksblatt", Organ der Solinger Sozialdemokraten, in seiner Ausgabe vom 19. Januar 1927: „Zur Anzeige gelangte ein Anwohner einer Ortschaft im Bezirk Weyer wegen nächtlicher Ruhestörung. Derselbe hat in der Nacht vom vergangenen Freitag zum Samstag nach 12 Uhr mehrere Stunden in angetrunkenem Zustande in der Nähe seiner Wohnung skandaliert, wodurch die ganze Nachbarschaft in ihrer Ruhe gestört worden ist."

Sprüche, die auf übermäßigen Alkoholkonsum hinwiesen, verfolgten manchen Bewohner des Bergischen Landes über den Tod hinaus. So sei hier exemplarisch von dem aus dem heutigen Solinger Stadtteil Wald stammenden Musikus Rösling berichtet, der am 25. Januar 1804 verstarb und einen Grabstein mit folgender Aufschrift erhielt:

Nach Kummer und Beschwerde
Ruht hier in kühler Erde
Von Rösling das Gebein.
Er war im ganzen Leben
Der Harmonie ergeben
Und trank gern Branntewein.

Der Aufstand der Solinger 1795

W er kennt es nicht, das aus dem 19. Jahrhundert stammende Kinderlied „Wer will fleißige Handwerker sehn", dessen Texter unbekannt ist? Da wird der Bäcker ermuntert: „Rühre ein, rühre ein, der Kuchen wird bald fertig sein!"

Nicht immer war die Solinger Bevölkerung auf die in ihrer Stadt tätigen Bäcker gut zu sprechen. An Kuchen, selbst an Brot war in vielen Haushalten nicht zu denken. Hierüber soll im Folgenden berichtet werden:

Als die Franzosen 1795 in die hiesige Region einzogen und auch Solingen besetzten, kam es dort zu Plünderungen. Ohne Rücksicht auf die angestammte Bevölkerung holten die Revolutionstruppen aus Ställen und Vorratskammern alles, was ihren Hunger stillen konnte.

Die Not der Solinger war so groß, dass nicht wenige von ihnen nach Amerika auswanderten, um dort ihr Glück zu suchen. Heißt es in Psalm 37,5 „Bleibe im Lande und nähre Dich redlich", so ist dies leichter gesagt als getan, wenn die Kosten für Grundnahrungsmittel so sehr steigen, dass sie kaum mehr erschwinglich sind. Die Ratsherren sahen sich deshalb veranlasst, den Preis für ein Brot auf 36 Stüber festzusetzen, eine Maßnahme, über die in den Lokalzeitungen informiert wurde. Nun bestand zwischen Politik und Verwaltung von jeher nicht immer Harmonie und so geschah es, dass der Amtswalter Reinarz den Beschluss des Magistrats in den Wind schlug und den Brotpreis auf 41 Stüber anhob.

Die aufgebrachte Bevölkerung bezichtigte den Beamten der Kumpanei mit den örtlichen Müllern und Bäckern und die Rede von „Kornwucher" machte die Runde in der Stadt. So kam es zu einem Aufstand, dessen erstes Opfer Gottfried Abraham Blasberg

wurde, ein am Brühl ansässiger Bäcker, der dem Amtswalter freundschaftlich verbunden war. Einige Männer drangen in die Backstube ein und nahmen nicht nur die frisch gebackenen Brote, sondern gleich auch die mit Mehl gefüllten Säcke an sich.

Blasberg wurde nicht nur seiner Freundschaft mit Reinarz wegen zum Ziel der Erzürnten, auch weil er einem Kunden, dem Arbeiter Johann Dücker, ein Messer zwischen Brust und Hüfte stieß, nachdem dieser sich geweigert hatte, den geforderten Brotpreis zu zahlen.

Als Reinarz von dem Aufstand erfuhr, begab er sich unverzüglich nach Barmen, wohin Minister Franz Karl von Hompesch nach dem Beschuss der Residenzstadt Düsseldorf im Oktober 1794 geflohen war, um diesen über die Vorkommnisse in Solingen zu unterrichten.

Ob der Amtswalter der Wahrheit entsprechend berichtet oder aber seiner Fantasie freien Lauf gelassen hat, ist ungewiss. Gesichert aber ist, dass der Minister sich veranlasst sah, ein 60 Mann starkes Kommando nach Solingen zu beordern, dem Reinarz mit stolzgeschwellter Brust vorausritt.

Als die von dem Kommandeur von Klöver befehligten Pfälzer Soldaten vor dem Rathaus eintrafen, verlangte Reinarz deren Einquartierung, die vom Magistrat allerdings abgelehnt wurde. Nun sendete der Amtswalter, um sich nicht nochmals auf den Weg nach Barmen machen zu müssen, eine Abordnung zu von Hompesch, um diesen über die Haltung der Ratsherren in Kenntnis zu setzen.

Der Minister sah sich daraufhin veranlasst, weitere 60 Bewaffnete nach Solingen zu schicken. Schulten, der Geheime Sekretär von Hompeschs, wies diese an: „Wofern der

Solinger Magistrat diese 120 Mann nicht gutwillig aufnehmen wird, so habt ihr nur Solingen an ein paar Orten in Brand zu stecken."

Wenige Stunden später befanden sich alle Soldaten im und vor dem Haus des Amtswalters. Aber auch jede Menge empörte Solinger hatten sich bereits dort versammelt und schimpften über die Herren von Hompesch und Reinarz. Auch einige Bäcker, die sich mit ihrem Kollegen Blasberg solidarisierten, erschienen vor Ort, sodass Freunde und Gegner aufeinandertrafen.

Plötzlich war laut und vernehmlich eine Stimme zu hören: „Gebt Feuer auf die Schurken!", als die Soldaten auch schon wahllos in die Menge schossen. Sechs Männer waren sogleich „tödelich blessirt", wie es in den Zeitungen hieß, zahlreiche weitere verletzt.

Über den weiteren Verlauf der Ereignisse war zu lesen: „Nun wurde die Sturmglocke geläutet, und Tausende eilten ihren guten Mitbrüdern zu Hülfe." Angesichts der mit Stöcken und Spaten, Säbeln und Flinten bewaffneten Solinger zogen die Soldaten es vor, die Flucht zu ergreifen. Der Zorn der Menschen richtete sich nun gegen den Amtswalter, der mit seiner Familie den Militärs folgte, dessen Haus aber gestürmt und so zugerichtet wurde, dass kein Möbelstück mehr heil blieb.

Bäcker Carl Stöcker, um 1910, also in friedlicheren Zeiten im Jammerthal, heute Löhdorfer Straße. Eine der letzten Solinger Traditionsbäckereien.

Der Kampf der Ohligser gegen die Eingemeindung

Nach langen auf den Ebenen von Reich, Land und Kommunen geführten Diskussionen kam es auf Grundlage eines am 29. Juli 1929 beschlossenen Gesetzes zu einer kommunalen Neugliederung des gesamten rheinisch-westfälischen Gebietes. Unter § 33 war zu lesen: „Die Stadtgemeinde und der Stadtkreis Solingen und die Stadtgemeinden Wald, Höhscheid, Gräfrath und Ohligs des Landkreises Solingen werden zu einer Stadtgemeinde und einem Stadtkreis mit dem Namen ‚Solingen‘ zusammengeschlossen." Bereits drei Tage später, am 1. August, wurde die Vereinigung vollzogen.

Nachdem der Preußische Landtag Ende 1927 ein Gesetz verabschiedet hatte, das aus Gründen des öffentlichen Wohls eine Veränderung von Stadt- und Kreisgrenzen zuließ, wurde in zahlreichen Städten und Gemeinden über eine solche Möglichkeit gestritten.

Höhscheid, länger als Wald, Gräfrath und Ohligs vom Eisenbahnverkehr abgeschnitten, war vor der Eingemeindung zwar überwiegend durch Landwirtschaft bestimmt, hatte aber auch einige bedeutende Fabriken wie die von Johann Abraham Henckels sowie von Friedrich Abraham Herder aufzuweisen, die dicht an der Grenze zur Stadt Solingen lagen. Die Stimmung der dortigen Bevölkerung war hinsichtlich einer Fusion von Beginn an mehrheitlich positiv, während die Haltung der Menschen in Gräfrath und Wald schwankte. Ohligs aber kämpfte mit allen ihm zur Verfügung stehenden Mitteln gegen eine Eingemeindung. Was der westlichste Stadtteil der heutigen Stadt Solingen veranstaltete, lässt an die französische Comic-Serie „Asterix und Obelix" denken, in der es um ein unbeugsames Dorf geht, das gegen seine Besatzung Widerstand leistet.

Die Redaktion des „Solinger Tageblatts" stellte eigens einen Mitarbeiter ein, der nahezu ausschließlich über den „Eingemeindungskampf" berichtete. Auch andere Zeitungen aus der Region nahmen sich ab dem Jahr 1927 dieses Themas an. So war in der „Bergischen Zeitung" vom 15. Juni zu lesen: „Die am 14. Juni 1927 im Hotel Viktoria versammelten Mitglieder des weit über 1000 Haus- und Grundbesitzer zählenden Ohligser Haus- und Grundbesitzer-Vereins legen ganz entschieden Verwahrung ein gegen die seit 25 Jahren betriebene Vergewaltigungspolitik, wie sie in der angestrebten und mit allen Mitteln versuchten Lösung der Eingemeindungsfrage zum Ausdruck kommt."

Rathaus und Amtsgericht Ohligs, um 1915. Damals noch mit Kaiserdenkmal.

Zwei Tage später, am 17. Juni 1927, titelte der „Ohligser Anzeiger": „Gegen den Eingemeindungsfimmel."

Das „Solinger Tageblatt" spottete in seiner Ausgabe vom 30. Juni über die Ohligser und empfahl diesen, einen Poststempel mit folgendem Text zu produzieren: „Der Starke ist am mächtigsten allein. Ohligs will nicht mit andern Städten vereinigt sein."

Die „Düsseldorfer Nachrichten" meldeten am 26. Juni 1927: „In allen Städten des Solinger Industriegebiets herrscht ein außerordentlich reges politisches und kommunalpolitisches Leben. In der Frage der Eingemeindung ist eine gewisse Ruhe eingetreten, die jedoch nur eine Ruhe vor dem Sturm zu sein scheint."

Im folgenden Monat, am 20. Juli, hieß es in der „Bergischen Post": „Die Eingemeindungsfrage bewegt immer noch alle Gemüter. Kein Wunder, denn Ohligs möchte unter allen Umständen seine Selbständigkeit wahren. Diesen Wunsch und Willen hat die Mehrzahl der Ohligser Einwohnerschaft ohne Unterschied des Standes und der politischen Orientierung."

Als die Ortsgruppe Ohligs der Deutschnationalen Volkspartei im „Engelsberger Hof" zu einem Sommerfest einlud und den aus Wermelskirchen angereisten Pastor Dr. Eickmann dort zur Eingemeindungsfrage sprechen ließ, hieß es in der „Ohligser Zeitung": „Selten noch haben wir solch ein täppisches, großkotziges, unwahres, jedes Maß von Verantwortungsgefühl ermangelndes Zeug gelesen als die Rede dieses protestantischen Geistlichen und Akademikers."

Im „Volksblatt" vom 3. Oktober 1927 stand zu lesen: „Die Stadtverordneten im oberen Kreise Solingen haben entschieden. Mit überwältigender Mehrheit sind sie für die Zusammenlegung der Städte. In allen Städten, außer Ohligs, wurde diese Frage vom wirtschaftlichen Standpunkt beurteilt.

Der Bürgerblock in Ohligs aber sah politische Motive."

Dass hinsichtlich der geplanten Eingemeindung auch mancher sonst brave Ohligser Bürger die Fassung zu verlieren vermochte, erwies sich beispielhaft anlässlich einer am 23. Februar 1928 in der Schützenburg durchgeführten Versammlung, an der Hunderte Bürger sowie Vertreter aus Politik und Verwaltung teilnahmen. Der Kaufmann Julius Steinberger, der im Haus Düsseldorfer Straße 26 ein Kaufhaus führte, verachtete den Solinger Oberbürgermeister August Dicke, der sich für einen Zusammenschluss mit Gräfrath, Höhscheid, Wald und Ohligs einsetzte, so sehr, dass er das Wort ergriff und seine Rede wie folgt beendete: „Dicke, sterben Sie bald. Sie bekommen von Ohligs den schönsten Kranz."

Tatsächlich erlebte August Dicke, der 30 Jahre lang Stadtoberhaupt der Klingenstadt war, die am 1. August 1929 vollzogene Vereinigung nicht mehr. Ob Ohligs ihm nach seinem Tod am 22. März 1929 einen Kranz aufs Grab legte, ist nicht überliefert.

Nachdem vergeblich vor dem Staatsgerichtshof zu Berlin gegen die Eingemeindung geklagt worden war, erinnerte der Ohligser Bürgermeister Paul Sauerbrey anlässlich der letzten Sitzung der Stadtverordneten daran, dass seine Stadt bis zum letzten Augenblick einen Kampf für ihre Selbständigkeit geführt" habe. „Als Männer, die gekämpft haben, müssen wir uns aber heute auf den Boden der Tatsachen stellen."

Vernimmt man heute Äußerungen der Bezirksvertretungen aus den anderen Solinger Stadtteilen oder liest Leserbriefe in „Solinger Tageblatt" und „Morgenpost", so wird Ohligs um seine Entwicklung beneidet. Anders als damals von vielen dort Lebenden befürchtet, hat die Eingemeindung dem westlichsten Stadtteil nicht geschadet.

Wallfahrts- und Kurort Gräfrath

Gräfrath, nach den Worten des Jülich-Bergischen Hofkammerrates Johann Wülffing aus dem Jahr 1729 zu den vornehmsten Handelsstädten und Flecken des Bergischen Landes zählend, bildet den kleinsten und gewiss nicht unattraktivsten der Solinger Stadtteile. Der bereits in einer Urkunde von 1135 erwähnte Ort hat in dem um den Markt zentrierten Kern seinen für das 18. und 19. Jahrhundert typisch biedermeierlichen Charakter bewahrt.

Neben dem Ensemble aus Fachwerk- bzw. Schieferhäusern mit den einstmals obligatorischen grünen Schlagläden fällt die 1688 eingeweihte Kirche ins Auge, bei der es sich um eines der wenigen evangelisch-reformierten Gotteshäuser handelt, die nach dem zwischen Kurfürst Friedrich Wilhelm von Brandenburg sowie dem Herzog Wolfgang Wilhelm von Jülich-Berg geschlossenen Religionsvertrag errichtet wurden.

Der inmitten des Marktes gelegene Brunnen ist jenem nachempfunden, der die Bewohner ab der ersten Hälfte des 18. Jahrhunderts mit von der Itter abgezweigtem Wasser versorgte. Gelangen heute die meisten Besucher des Marktes über die Freiheit, Walder Straße, Garnison- oder Gerberstraße dorthin, so erreichten ihn die Passanten bis etwa 1750 über den schmalen Weg namens Küllersberg, an dessen linker Seite sich heute die Galerie von Ela und Emma Schneider befindet.

Rechts des am oberen Teil des Marktes gelegenen Restaurants „Kaffeehaus", in dem Peter von der Heiden und dessen

Team seit 40 Jahren ihre Gäste verwöhnen, führen 72 Stufen hinauf zur Kirche St. Mariä Himmelfahrt und zum einstigen Kloster, das heute das Deutsche Klingenmuseum beherbergt.

Die Geschichte des Ortes wurde über Jahrhunderte durch ebendieses Kloster bestimmt, so während des 19. Jahrhunderts wesentlich durch die Person des Dr. Friedrich Hermann de Leuw, der Anfang 1814, also in ebenjenem Jahr, nach Gräfrath kam, in dem mit dem Bau der Landstraße begonnen wurde, die von Solingen sowie Wald nach Gräfrath und von dort über Vohwinkel bis in die Städte des Ruhrgebiets führte, den Ort somit an das Verkehrsnetz anschloss.

Dr. de Leuw, studierter Internist und Chirurg, erwarb sich weltweiten Ruhm durch seine erfolgreichen Staroperationen sowie die Behandlung der infektiösen „Ägyptischen Augenkrankheit", heute unter dem Begriff „Trachom" bekannt, die von den französischen Besatzern während der von 1792 bis 1815 geführten Koalitionskriege auch im Rheinland verbreitet wurde.

Dank des Mediziners de Leuw, „der vorzüglich in Heilung der Augenübel sich immer bewährt, und einen immer zahlreicheren Zirkel von Fremden um sich versammelt" – so das „Elberfelder Kreisblatt" 1841 – erlebte Gräfrath einen ungeahnten Aufschwung des Hotel- und Gaststättengewerbes. So waren achtzig Prozent der Gäste, die im Jahr 1854 Unterkunft in dem am Markt gelegenen „Hotel zur Post" fanden, Patientinnen und Patienten de Leuws.

Der Arzt, der seit Oktober 1839 den Titel des Hofrates führte, behandelte namhafte Persönlichkeiten wie den späteren niederländischen Außenminister Constantijn Theodoor Baron van Lynden van Sandenburg,

Blick auf Gräfrath, um 1895. Kein anderer Solinger Stadtteil hat seinen Charakter seitdem so bewahrt.

Blick auf den Gräfrather Marktplatz.

den Ritter Florentius Josephus van Ertborn, Bürgermeister von Antwerpen und einige Jahre später Gouverneur von Utrecht, den Bankier Rothschild, den Duque de la Union de la Cuba und Landgraf Ernst von Hessen-Philippsthal.

Im Jahr 1853 waren zeitweise so viele Engländer zur Behandlung in Gräfrath, dass der in Düsseldorf lebende Kaplan Reverend Tucker regelmäßig sonntags um 12 sowie um 18 Uhr in der Kirche am Markt englischsprachigen Gottesdienst abhielt. Ansonsten war Johann Karl Wilhelm Wiedenfeld dort Pfarrer, ab 1843 zudem erster Superintendent der Kreissynode Solingen.

Dass die letzte Praxis des Dr. Friedrich Hermann de Leuw im Haus In der Freiheit 25 lag, mag Symbolcharakter haben, hieß es doch, dass im späten Mittelalter

seine Freiheit gerettet hatte, wer von andernorts kommend diese Straße erreichte. Nun wurden Unzählige vor Erblindung bewahrt, die den Weg dorthin fanden.

Kamen dank des Hofrates Dr. Friedrich Hermann de Leuw alljährlich beinahe eintausend Augenleidende nach Gräfrath, das ab September 1856 Stadtrechte besaß, so verlor der Ort mit dem Tod des Arztes am 12. Januar 1861 seine Bedeutung als Kurort.

Bis in die Gegenwart nicht verloren hat Gräfrath, insbesondere dessen Markt und Brunnen, seinen besonderen Reiz. Nicht ohne Grund wurde dieser als Drehort von Spielfilmen wie „Morgens um sieben ist die Welt noch in Ordnung", „Wenn das Mondlicht auf den Hügeln schläft" und „Fliegen lernen" gewählt.

Der Gräfrather Augenarzt
Friedrich Hermann de Leuw
(1792–1861) zog Patienten von
nah und fern in den Ort.

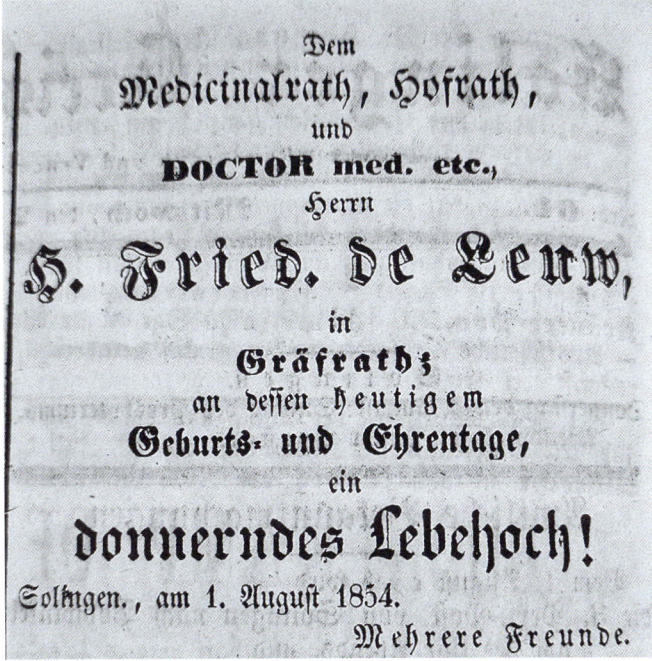

„Solinger Kreis-Intelligenzblatt"
vom 2. August 1854.

Die Ballonaufstiege der Jahre 1792 und 1802

Da die Fotografie erst seit dem Jahr 1839 möglich ist, konnten die erwähnten Ballonaufstiege noch nicht in Bildern festgehalten werden. Hier sieht man zwei Fesselballons auf der Lüneschloßstraße, um 1920.

Wie lässt sich die Tatsache, dass warme Luft nach oben steigt, zum Wohle der Menschen nutzen? Diese Frage versuchten nicht wenige Experimentierfreudige während der zweiten Hälfte des 18. Jahrhunderts zu beantworten. Dabei kam es zu mancherlei Kuriositäten. So versuchte ein in Wien ansässiger Erfinder, Adler dafür abzurichten, Ballons von einem Ort zum anderen zu befördern.

Anfang Juni 1783 ließen die Brüder Joseph Michel und Jacques Étienne Montgolfier, beide Inhaber einer von deren Vorfahren 1557 gegründeten Papiermanufaktur, in der südfranzösischen Stadt Annonay einen ersten Heißluftballon steigen, in dem sich auch drei Passagiere befanden. Bei diesen handelte es sich allerdings nicht um Menschen, sondern um einen Hammel, eine Ente und einen Hahn. Ganze zehn Minuten schwebte der Ballon in den Lüften. Als König Ludwig XVI. von diesem Flug erfuhr, bat er die Brüder Montgolfier, an seinem Schloss zu Versailles einen weiteren Flug durchzuführen, der am 19. Oktober 1783 stattfand.

Nun gab es im heutigen Solinger Stadtteil Wald einen Knösterpitter, wie man in der hiesigen Gegend eine Person nennt, die sich mit nicht schwindender Energie der Lösung eines Problems widmet. Dieser hielt die Erfindung der Montgolfiers für nachahmungswürdig und baute aus Eisendraht und dünnem weißen und blauen, in mehreren Schichten übereinander geklebten Papier einen Ballon in eben den Maßen, die auch deren Fluggerät aufwies.

Bis heute wird gerätselt, wer dieser Knösterpitter gewesen sein mag, dessen Name nirgends vermerkt ist. Man findet lediglich Hinweise auf einen „Fabrikanten L.". Möglicherweise handelte es sich um den in Wald ansässigen Fabrikanten Lange, der Schirmfurnituren herstellte.

Im Mai 1792, neun Jahre nach dem gelungenen Experiment der französischen Brüder, ließ der uns namentlich unbekannte Walder Bürger den von ihm gefertigten Ballon steigen, der über Wuppertal bis ins ca. 30 Kilometer entfernt gelegene Schwelm flog, wo er nach etwa sechs Stunden landete.

Wer den Ballonaufstieg aus unmittelbarer Nähe beobachten wollte, und Hunderte wollten sich das nicht entgehen lassen, hatte einen Geldbetrag zu zahlen, der als Spende an die Armenkasse der Reformierten Gemeinde ging.

Auf Drängen der örtlichen Gastwirte kam es vier Jahre später nochmals zu einem Flug des Ballons. Dieses Ereignis hatte den Charakter eines Volksfestes, zu dem ausgiebig gezecht wurde.

Viele Jahre später, am 28. Juni 1910, war es das Luftschiff „Deutschland", das am frühen Morgen in Düsseldorf aufstieg, gegen zehn Uhr über Solingen gesichtet wurde und dem die Menschen winkten und zujubelten. Niemand hätte ahnen können, dem letzten Flug beigewohnt zu haben. Noch am selben Tag trieb das Luftschiff bei plötzlich aufkommendem Sturm auf den bewaldeten, bei Bad Iburg gelegenen Limberg zu und stürzte ab.

„Solinger Kreis-Intelligenzblatt" vom 17. Juli 1847.

„Solinger Kreis-Intelligenzblatt" vom 15. August 1860.

Wald und seine Kirche

Der erste uns bekannte Besitzer des Walder Hofes war Erzbischof Heribert von Köln, der am 3. Mai 1020 der Abtei Deutz den Hof mitsamt Kirche schenkte. Diese Schenkung wurde 190 Jahre später durch Erzbischof Dietrich I. bestätigt, der jedoch kurze Zeit danach bestimmte, dass sich die Abtei den Zehnten mit dem Gräfrather Kloster zu teilen hatte, was wohl auf eine Intervention von Papst Innozenz III. zurückging. Beim Zehnten handelte es sich um eine von den Bauern zu entrichtende, der heutigen Kirchensteuer vergleichbare Abgabe, die den kirchlichen Personalkosten, dem Erhalt klerikaler Bauten sowie der Armenpflege zufließen sollte. Allerdings bestand der Zehnte nicht aus einem Geldbetrag, sondern aus Naturalien, insbesondere Getreide, Gemüse, Käse und Milch sowie Eiern, Schweinen und Hühnern. Auch wurde dem Kloster zu Gräfrath das Recht zugebilligt, dem Abt von Deutz, sofern in Wald die Pfarrstelle frei werden sollte, einen Nachfolger des bisherigen Pastors vorzuschlagen.

Der Deutzer Hof bildete das herrschaftliche Zentrum eines Hofverbandes, dem Bauernhöfe in Krausen, Feld und Unterscheid zugeordnet waren. Dort wurde spätestens ab 1314 auch Gericht gehalten. Adolf VI. von Berg, Vogt der Abtei Deutz, hatte die Aufsicht über das Hofgericht inne und wurde dafür durch 12 Malter Hafer pro Jahr entlohnt.

Zu jener Zeit handelte es sich bei Wald noch nicht um eine geschlossene Ortschaft. Eine Straße, die Weyer mit Gräfrath verband, führte entlang der Kirche und dem Deutzer Hof. Ansonsten war die Siedlung von Feld, Wald und Wiesen umgeben, welche die Grafen bzw. Herzöge von Berg gern als Jagdgebiet nutzten, deren Pferde dann die Saat auf den Feldern niedertrampelten. Adolf VII. von Jülich-Berg lud seine Freunde im Mai 1435 gar zu einer sechs Tage während Jagd ein, die zwischen Wald, Hilden und Löhdorf stattfand und die Landwirte in argen Zorn versetzte. Als gut 50 Jahre später sein verschuldeter Nachfolger, Wilhelm von Jülich-Berg, die Untertanen darum bat, ihm Goldgulden zu leihen und zu diesem Zwecke die einzelnen Orte persönlich aufsuchte, gehörte Wald zu jenen Siedlungen, in denen der geringste Betrag zusammenkam. Dies war klug, denn alle, die dem Landesherrn im Vertrauen auf eine Rückerstattung größere Mengen Geldes gaben, wurden enttäuscht.

Als es nach Reformation und Gegenreformation im Jahr 1555 zum Augsburger Religionsfrieden gekommen war, bildete sich in Wald bald eine katholische wie auch eine protestantische Gemeinde heraus. Der seit 1568 in Wald wirkende Vikar Heinrich Horstmann, der auf Vorschlag der Gräfrather Äbtissin im Jahr 1594 die vakante Pfarrstelle in Wald eingenommen hatte, wurde von den Protestanten im Ort gedrängt, sich der Bergischen Synode anzuschließen, die sich im Juli 1589 von reformierten Gemeinden des Bergisches Landes in Neviges gebildet hatte. Horstmann versuchte sich gegenüber den Eiferern beider Konfessionen neutral zu verhalten, weshalb der Deutzer Abt – wenn auch vergeblich – 1598 dessen Entlassung forderte. Horstmann fand in der Gräfrather Äbtissin eine Fürsprecherin.

Auf Seiten der Reformierten war es wohl der junge Thomas Kohlhagen, der engagiert für die Lehre Martin Luthers eintrat. Im Jahr 1611, drei Jahre vor seinem Tod, nahm Horstmann schließlich erstmalig an der Bergischen Synode teil und die Walder Pfarrei

Evangelische Kirche Wald, 1889. Der Turm wurde um 1150 errichtet.

gelangte in den Besitz der Reformierten. Lag deren Zahl Ende des Jahres 1676 noch bei 2.000, so stieg sie bis 1792 auf 4.949. Im selben Jahr lebten in Wald 1.020 Katholiken, die der Pfarrei Gräfrath zugeordnet waren.

Als 1803, also zu napoleonischer Zeit, das rechtsrheinische Gebiet unter französische Herrschaft geriet und die Klöster und Abteien enteignet wurden, kam es auch zur Aufhebung der Deutzer Abtei, die zu dieser Zeit über mehr als 109 Morgen Acker und Wiesen in Wald verfügte.

Erst in den beiden Dezennien des 19. Jahrhunderts bildete sich das „Wauler Dorp" heraus, geprägt von Häusern rund um den Kirchhof, rechts und links der Dorfstraße sowie auf dem Opferfeld, dessen Name vermutlich auf einen im 17. Jahrhundert genannten „Offerhoff" zurückgeht. Altenhof und Wiedenhof lagen einstmals noch außerhalb des Dorfes.

Der um die Kirche gelegene Ortskern hat viel von seinem ursprünglichen Aussehen erhalten und lohnt einen Besuch.

Die Solinger Stadtwindmühle

Seit dem Mittelalter machte sich das an der Wupper gelegene und über zahlreiche Bäche verfügende Solingen die Kraft des Wassers bei der Herstellung seiner weltweit gerühmten Hieb- und Stichwaffen sowie Schneidwaren zunutze. Aber auch Kornmühlen wie die Haasenmühle und die Johänntgesbrucher Mühle lagen in Bachtälern.

Im Jahr 1516 schlossen die Solinger Ratsherren und der Prior der Abtei Altenberg einen Pachtvertrag über ein Stück Land, das die Gemeinde für den Bau einer Windmühle zu nutzen beabsichtigte. Die Pacht bestand in der Abgabe von zwei Malter Roggen, die der Abtei alljährlich 14 Tage nach Sankt Martin zu liefern waren. Eine Klausel des Vertrages besagte, dass das Land mitsamt der Mühle unverzüglich in das Eigentum der Altenberger Mönche übergehe, sollte diese Leistung nicht fristgerecht erbracht werden.

Es scheint sich ursprünglich um eine Bockwindmühle gehandelt zu haben, wie sie auf der bekannten Stadtansicht des Kupferstechers Matthias Merian um 1630 zu sehen

ist. Um den für den Betrieb der Mühle erforderlichen Windzug nicht einzuschränken, wurde das Pflanzen von Bäumen in deren Nähe untersagt.

Bei der Stadtwindmühle handelte es sich um eine Zwangsmühle. Wer Korn mahlen lassen wollte, war also verpflichtet, deren Dienst in Anspruch zu nehmen.

Während des Dreißigjährigen Krieges, konkret 1637, wurde sie für militärische Zwecke genutzt und ihrer eigentlichen Funktion beraubt, in der Folgezeit mehrfach verpachtet. Im Jahr 1692 kam es zu einer umfassenden Restaurierung der Mühle, die etwa ein halbes Jahrhundert später in eine Roßmühle umgebaut wurde, um sie fortan unabhängig

von den Windverhältnissen betreiben zu können.

Die Mühle scheint dem Rat der Stadt ein Klotz am Bein gewesen zu sein, denn wiederholt wurde über enorme Kosten geklagt, die mit deren Unterhaltung verbunden waren. Als im Jahr 1740 Reparaturarbeiten notwendig wurden, belastete man die Bevölkerung mit einer Sondersteuer, um die Kosten aufbringen zu können. Bei einem heftigen Sturm, der 1778 über Solingen zog, wurde die Windmühle nicht unerheblich beschädigt und zwölf Jahre später mit finanzieller Unterstützung der Regierung zu Düsseldorf nochmals modernisiert. Oftmals wurde auch Klage darüber geführt, dass die ortsansässigen Bäcker ihr Mehl außerhalb Solingens kauften.

Im Jahr 1811, nach Einführung der Gewerbefreiheit, kam es zur Aufhebung des Mühlenzwangs und es durfte Korn auch in anderen Mühlen gemahlen werden.

Mehrfach bemühten sich Rat und Verwaltung vergeblich, die Immobilie zu verkaufen. Sie wurde in Zeitungsannoncen als „massiv gebaute, und in vorzüglich gutem Stande befindliche Getreide-Windmühle, deren Lage wegen der ganz nahe an ihr vorbeiführenden Chaussee vom Rheine nach Elberfeld etc. besonders vorteilhaft" angepriesen. Im Jahr 1818 fand sich in der Person des Bäckers Christian Mutzfeld endlich ein Käufer.

Über 300 Jahre lang wurde das Korn für die Solinger Einwohnerschaft in dieser Mühle gemahlen, bis es 1860 zu deren Abriss kam. Auf ihre einstige Existenz gehen heute noch die geläufigen Bezeichnungen „Mühlenhof" und „Mühlenplatz" zurück. Die ehemalige Ortsbezeichnung lautete „An der Windmühle".

Die Solinger Stadtwindmühle, die bis 1860 am heutigen Mühlenplatz stand.

35

Die Solinger Familie Mumm

Krausen, in Dokumenten aus dem 12. Jahrhundert als „Crouhusen" zu finden, gilt als der älteste bekannte Wohnsitz der Familie Mumm. Namentlich bekannt ist ein Hans Mumm, der bis Mitte des 15. Jahrhunderts der Schwertbruderschaft angehörte. In der ersten Hälfte des 17. Jahrhunderts lebte ein Johann Mumm mit seiner Familie dort. Zur gleichen Zeit tauchte dieser Name als der eines Mannes auf, der die Interessen der hiesigen Schwertschmiede vertrat. Möglicherweise handelte es sich um ein und dieselbe Person.

Ob die Adelsfamilie Mumm zu Schwarzenstein, die sich vom Niederrhein kommend in Solingen ansiedelte, in verwandtschaftlicher Beziehung zu der in Krausen beheimateten Familie stand ist unter Historikern umstritten. Sicher hingegen ist, dass Nachkommen des Johann Mumm sich in Eigen, Stockdum und Külf ansiedelten. Dort wurde Peter Mumm geboren, der später nach Alt-

Solingen verzog und in den Jahren 1736 bis 1738 das Amt des Bürgermeisters bekleidete. Seine Wohnung lag „auf'm Ohlig".

Peter Arnold Mumm, einer seiner Nachfahren, betrieb einen Handel mit Schneidwaren. Zudem verdiente er seinen Lebensunterhalt mit dem Verkauf von Wein. Letzterem widmete er sich wohl ausschließlich, nachdem er 1761 nach Köln, einige Jahre später nach Frankfurt verzogen war.

Der in den Kellern des Weinhauses Mumm gelagerte Rebensaft fand in den betuchten Honoratioren der Stadt dankbare Abnehmer.

In Solingen trat bis zu seinem Tode im Herbst 1785 Johann Wilhelm Mumm sowohl als Klingen- als auch Weingroßhändler auf.

Während der Zeit in der Mainmetropole wurde der Familie Mumm, die dort eine Privatbank führte, der Adelstitel verliehen.

Der 1873 in Düsseldorf geborene Friedrich Wilhelm Reinhard Mumm, protestantischer Pfarrer und als national-konservativer Politiker Abgeordneter des Reichstags, soll ebenfalls einer Seitenlinie der ursprünglich in Solingen beheimateten Familie Mumm entstammen.

Ebenfalls ihren Ursprung in Solingen hatten die Brüder Gottlieb, Jacob und Philipp Mumm, die 1878 in der in der französischen Region Champagne-Ardenne gelegenen Stadt Reims eine Schaumwein-Fabrikation eröffneten, ihr Unternehmen anfangs nach ihrem Ahnherrn Peter Arnold Mumm P. A. Mumm & Co. nannten und schließlich nach dem Tod von Gottlieb Mumm aufteilten. Fortan firmierten sie unter Jules Mumm und G. H. Mumm.

Peter Arnold Mumm (1733–1797) handelte mit Klingen und Wein.

Die Hofschaft Külf, im Jahr 1672 erstmals urkundlich erwähnt.

Die Marken „Mumm", „Jules Mumm" sowie „MM Extra" wurden Anfang des Jahres 2002 von der Sektkellerei „Rotkäppchen" übernommen.

Weniger um den Champagner der Mumms als den einstigen Bürgermeister Peter Mumm zu würdigen, wurde eine in der Solinger Innenstadt gelegene Straße „Mummstraße" genannt. Im Herbst 1967 eröffnete der Gastronom Franz Schwarz dort die heute noch vorhandene Gastwirtschaft „Mumms", in der Champagner allerdings nie zu den bevorzugten Getränken gehörte.

Aus dem Solinger Schulleben im 18. und 19. Jahrhundert

Wer kennt sie nicht, die stetigen Klagen über eine verfehlte Schulpolitik? Mal stehen Lehrermangel und die Leistungsschwäche der Schülerschaft, dann mangelnde Digitalisierung im Zentrum der Kritik. Jede neue Landesregierung führt eine andere Schulpolitik ein und umgehend bläst denen, die dafür verantwortlich zeichnen, der Wind ins Gesicht. So erging es auch der in Solingen lebenden Sylvia Löhrmann, von 2010 bis 2017 Schulministerin des Landes Nordrhein-Westfalen.

Nicht anders war es bereits vor beinahe 250 Jahren. Im April 1784 nämlich veranlasste der damalige Landesherr, Kurfürst Karl Theodor, eine grundlegende Reform der Schulmeisterordnung, die Bestimmungen über Rechte und Pflichten der Lehrer, deren Aufgaben sowie Besoldung beinhaltete. Auch wenn es zu damaliger Zeit noch keine

Merscheider Schüler mit Lehrer im Jahr 1900.

Gewerkschaft Erziehung und Wissenschaft gab, regte sich innerhalb der Lehrerschaft Protest, sollte doch die Einstellung in den Schuldienst – anders als bisher – von einem vom örtlichen Pfarrer ausgestellten Zeugnis abhängen. Ob der Widerstand der Schulmeister auch dadurch hervorgerufen wurde, dass die neue Ordnung ihnen ausdrücklich die Teilnahme an Glücksspielen und Saufgelagen untersagte, ist heute nicht mehr feststellbar.

Die Befähigung der Lehrer war nicht nur vor Gültigkeit dieser Schulordnung, sondern auch noch viele Jahrzehnte später Gegenstand der Kritik. So hieß es in einem am 25. Juli 1817 im „Rheinland-Westfalen-Anzeiger" veröffentlichten Bericht über das Schulwesen im Bergischen Land: „Nur hie und da leuchtet unter den vielen schlechten Lehrern noch ein guter als ein schwaches Lämpchen hervor, aber die meisten verdienten nicht den Namen eines Lehrers."

Wenige Jahre später war es der bekannte Pädagoge Adolph Diesterweg, von 1818 bis 1820 Rektor der Lateinschule im benachbarten Elberfeld, der den kirchlichen Einfluss auf das Schulwesen zurückgedrängt sehen wollte. Am 23. August 1822 notierte Diesterweg in seinem Tagebuch: „Der orthodoxe Theologe denkt von der Menschennatur sehr klein. Darum ist er nie ein Erzieher, so wie der Pädagoge nie orthodoxe Grundsätze hegen kann. Pädagogik und Orthodoxie stoßen sich ab."

Über eine Schulinspektion, die Diesterweg als Leiter des Lehrerseminars in Moers vom 26. August bis 5. September 1830 im Kreis Solingen durchführte, schrieb er anschließend an die Regierung zu Düsseldorf. Über den Besuch der Schulen in Solingen, Merscheid und Weyer sei hier zitiert: „Der Herr Schulpfleger Engels wohnte den Revisionen

in den Schulen in Solingen, Merscheid und Weyer bei. Ich habe mit demselben über die einzelnen Lehrer gesprochen und ihm angedeutet, was nach meinen Eindrücken zu tun sei. Auch habe ich jeden Lehrer nach der Revision seiner Schule unter vier Augen auf die bemerkten Fehler und die Mittel zur Beseitigung derselben aufmerksam gemacht. Den Lehrern in Merscheid habe ich besonders ernste Winke und Warnungen vorgehalten. Überall traf ich, was mir die Aufgabe der Reise sehr erleichterte, offene Ohren und hingebenden Sinn."

1832, zwei Jahre nach der Schulinspektion Adolph Diesterwegs, berichtete Landrat Georg von Hauer von den Schulen in Merscheid, Dorp, Gräfrath, Höhscheid, Solingen und Wald. In insgesamt 24 Schulen wurden dort insgesamt 4.414 Schüler von 25 Lehrern und 19 Gehilfen unterrichtet. In jeder Klasse saßen durchschnittlich 100 Schüler. Welche heutige Lehrkraft traute sich angesichts einer solchen Situation noch zu, den Mädchen und Jungen auch nur elementares Wissen zu vermitteln?

Die meisten Schulen befanden sich zu jener Zeit in erbärmlichem baulichem Zustand, der den Aufenthalt weder für die Lehrer- noch für die Schülerschaft angenehm machte.

Evangelische Schule Wald, Altenhofer Straße, 1831–1903. Vier Klassen wurden in dem kleinen Gebäude unterrichtet.

Volksschule Bogenstraße in Ohligs, 1904.
Die heutige Städtische Grundschule
wurde am 1. Mai 1894 als katholische
Schule eingeweiht.

Dass es in Solingen schon recht früh Unterricht auch in französischer Sprache gab, belegt folgende Information in den „Gülich und Bergischen Wöchentlichen Nachrichten 1771 Nr. 37": „Es wird bekannt gemacht, daß zu Sohlingen ohnlängst eine Französische Schule aufgerichtet worden, und daß dieser schulhaltende Sprachmeister ein Mann ist, welcher zu seiner Zeit für lateinischen auch höhere Schulen mit Ruhm (laut Zeignüssen) ausstudiret hat. Derselbe ist lange Zeit beschäftigt gewesen mit der Unterweisung, fürnemlich in der französischen Sprache, mit vollkommenem Vergnügen derjenigen, welche, und welcher Kinder er unterwiesen

hat, adelich- und unadeliche. Es ist diesfals ach noch von jüngster Zeit und nechstem Ort das Gezeugnuß aufzuweisen. Junge Leute, die sich sothaner Schul und Unterweisung bedienen werden, und wegen Entfernung des Ortes hier in der Stadt Logement und Kosthaus vonnöthen hätten, können damit auch bequemlich versehen werden."

Oben: Frühere Lindenschule, Höhscheid, um 1910. Hier wurde von 1873 bis 1933 unterrichtet.
Unten: Schülerinnen der Evangelischen Schule Aufderhöhe, 1909. Die Schule wurde drei Jahre zuvor in Neu-Löhdorf eingeweiht.

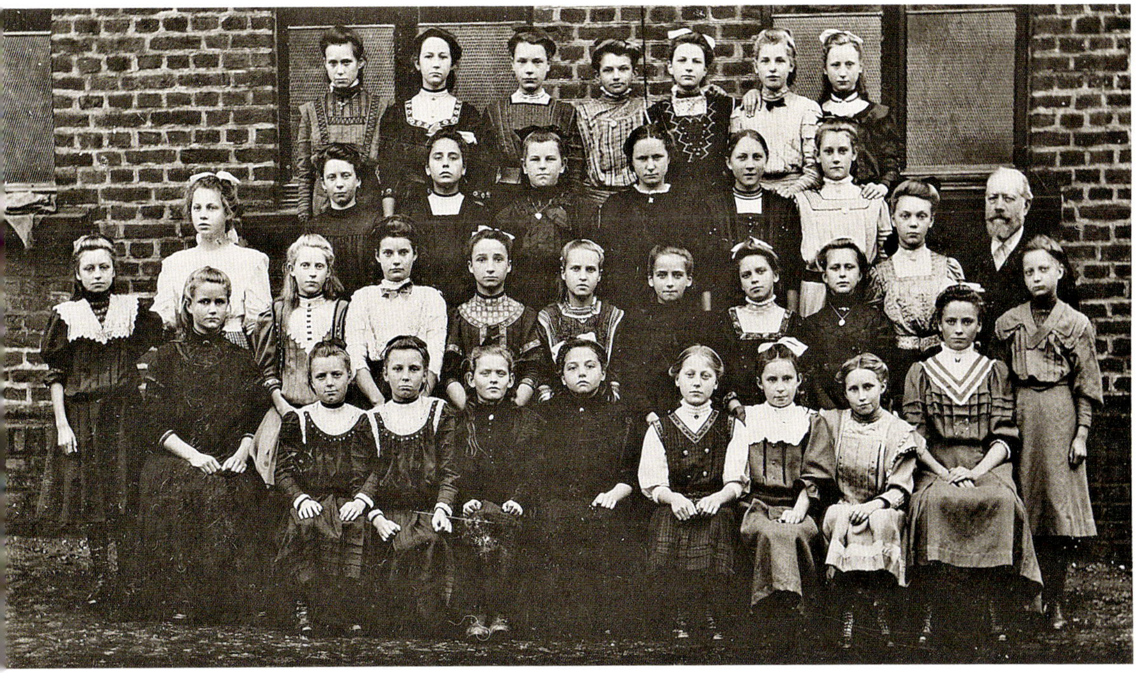

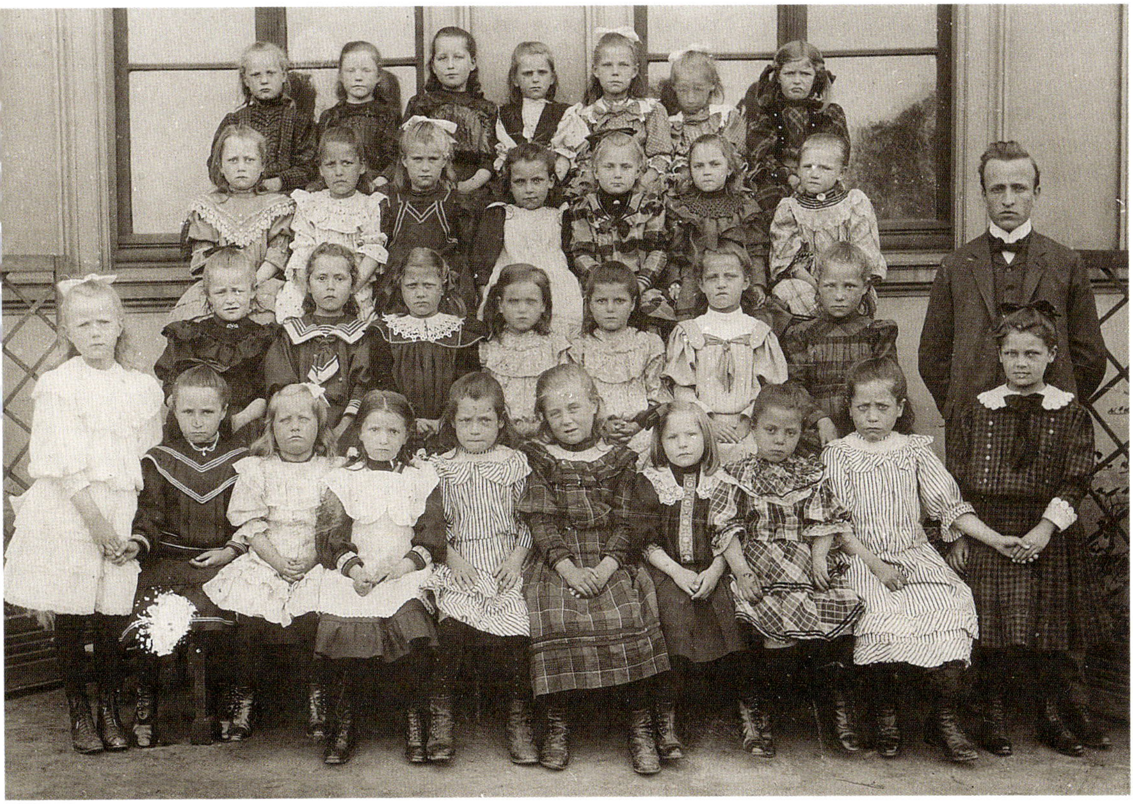

Vom Schwert zu Hydro 5 Rasierklingen

Graf Wilhelm von Berg, dem im Mai 1380 der Titel eines Herzogs verliehen wurde, erteilte den in Solingen tätigen Schleifern das Privileg für dieses Handwerk, das Wilhelm III. von Berg auf die Schwertschmiede ausweitete.

Die Tätigkeit des Schleifers war von jeher mit zahlreichen Gefahren verbunden. „Der Haupt-Übelstand, wodurch Unglücksfälle entstehen können", so wusste die „Solinger Lokalzeitung" zu berichten, „ist die Fahrlässigkeit des Arbeiters." Allzu schnell konnte die nicht selten recht verschlissene Kleidung mit dem sich geschwind drehenden Schleifstein oder den diesen antreibenden Riemen in Berührung kommen. Mancher Schleifer mochte bei der Arbeit nicht auf seinen Branntwein verzichten.

Hatten Schleifer bei der Ausübung ihres Berufes das Leben verloren, so stellte man auf deren Grabstätte das Bruchstück eines Schleifsteins, Namen und Daten des Verstorbenen eingraviert.

Neben den Schleifern waren und sind noch andere Berufszweige an der Herstellung von Hieb- und Stichwaffen, Scheren und Messern beteiligt: Gibt der Schmied anfangs dem Metall die Form, so sorgt der Härter im Anschluss für dessen Festigkeit. Der Schleifer verleiht dem Produkt Glanz, bevor der Reider es mit einem Griff versieht. Aber nicht nur im Rahmen der Produktion solcher Stahlwaren sicherten zahlreiche hier lebende Menschen ihren Lebensunterhalt.

Für den Transport zwischen den an der Wupper oder an einem der vielen Bäche gelegenen Schleifkotten und den in Alt-Solingen, Dorp, Höhscheid, Gräfrath und Wald gelegenen Fabriken waren Lieferfrauen verantwortlich, bei denen es sich zumeist um die Gattinnen der Schleifer handelte. Um die vollen, bis zu 25 Kilogramm schweren runden Körbe tragen zu können, wurden diese auf den Kopf gesetzt und mit einer Hand gehalten. Um keinen gesundheitlichen Schaden zu nehmen, schützen die Frauen ihren Schädel durch ein kleines Kissen.

Der Handel mit den fertigen Stahlwaren machte zahlreiche Solinger Kaufleute vermögend. Bis Mitte des 19. Jahrhunderts exportierten sie nach Italien, Spanien und Portugal, nach Skandinavien, ja bis in die Länder Süd- und Mittelamerikas, nach Indien und in die heutigen afrikanischen Staaten Mali, Nigeria, Senegal sowie Togo.

Zwillingswerk J. A. Henckels. Die Geschichte des Unternehmens begann im Sommer 1731.

Messerschleifer. Wer irgendwo in der Welt von Solingen hört oder liest,
denkt sofort an die dort produzierten Messer von unvergleichlicher Qualität.

Hatte in dieser Zeit auch die Dampfmaschine bereits Einzug in so manche Fabrik gehalten, so basierte die Herstellung der weltweit gerühmten Solinger Stahlwaren doch weiterhin überwiegend auf der Unterstützung von in den Kotten ausgeübter Heimarbeit sowie dem Transport durch die bereits erwähnten Lieferfrauen. „Täglich sah man sie auf den Straßen im Stadtbild und den Waldwegen ringsum, die zur Wupper führten", hieß es, an deren Strapazen erinnernd, 1956 im „Solinger Tageblatt".

Etwa im ersten Dezennium des 20. Jahrhunderts kam ein weiterer Zweig der Stahlwarenproduktion hinzu: der von Rasiermessern und -klingen.

Die internationale Konkurrenz machte den Solinger Produzenten hochwertiger Stahlerzeugnisse das Leben immer schwerer. Nicht nur Plagiate und minderwertige Fälschungen mit dem Aufdruck „Made in Solingen" sorgen bis in die Gegenwart für Ärger, auch ehemals erfolgreiche Solinger Traditionsbetriebe können kaum mehr eigenständig auf dem Weltmarkt bestehen und bedürfen ausländischer Investoren. So erging es bereits vor mehr als 50 Jahren der an der Kirschbaumshöhe, der heutigen Schützenstraße, niedergelassenen Rasiermesserfabrik Osberghaus, die von dem britischen Unternehmen Wilkinson Sword übernommen wurde. Erfreulich ist, dass das Unternehmen mit seiner etwa 500 Frauen und Männer umfassenden Belegschaft weiterhin in der Schützenstraße tätig ist und die Qualität der Produkte dem Solinger Anspruch entspricht. So wurden die Wilkinson Sword Hydro 5 Rasierklingen im Jahr 2023 als die besten ausgezeichnet.

Die Hofschaft Dahl und das Richterhaus

Von der Solinger Innenstadt kommend, gelangt man in westlicher Richtung nach Obengönrath, wo in einem Feuchtgebiet der Viehbach entspringt, dem die Viehbachstraße, also die Schnellstraße L141n, ihren Namen verdankt. Folgt man dem Verlauf dieses Baches gut zwei Kilometer, fällt der Blick auf Dahl, eine von den Bewohnern liebevoll gepflegte Hofschaft mit dem wohl schönsten Fachwerkensemble Solingens. Am besten erreichbar ist das im Tal zwischen Merscheid und Mangenberger Straße gelegene Dahl über den Kyllmannweg, der von der Merscheider Straße hinunter in die Hofschaft führt.

Aus der Familie Kyllmann gingen im Laufe der Jahrhunderte Gutsbesitzer, Kaufleute und Richter hervor. Nach wem von diesen der Weg einst benannt wurde, ist unbekannt. Zu vermuten ist jedoch, dass er einem der Richter gewidmet wurde. Schließlich führt der Weg geradewegs zum Richterhaus, heute die Hausnummern 10 und 12 aufweisend, in einer Urkunde aus dem Jahr 1654 als Richter Vischer Hof erwähnt. Tatsächlich wirkte ab 1636 hier ein Rütger Vischer für die Dauer von zehn Jahren als Richter. Sowohl vorher wie auch nachher sollen aber auch mehrere Angehörige der Familie Kyllmann das Richteramt ausgeübt haben.

Der 2011 verstorbene Dr. Jürgen Stohlmann, langjähriger Vorsitzender der Solinger Abteilung des Bergischen Geschichtsvereins und von 1994 bis 2008 des Gesamtvereins, schrieb 1983, dass das Richterhaus spätestens um 1615 errichtet worden sei und damit bereits gestanden habe, bevor Rütger Vischer dessen Eigentümer wurde.

Das in unmittelbarer Nähe dieses herrschaftlichen Anwesens gelegene, für die hiesige Region untypisch mit Schindeln verkleidete Haus stand wohl in besonderer Beziehung zum Richterhaus, wird es doch im Volksmund von jeher „Schöffenhaus" genannt. Eine über der Haustür befindliche Inschrift verweist auf das Jahr 1747. Ob damit auf die Erbauung des Hauses oder auf dessen Restaurierung hingewiesen wird, ist ungeklärt. Bekannt aber ist, dass es in jenem Jahr von der Familie des Stahlwarenfabrikanten Peter Herder bewohnt wurde. Am Rande der Hofschaft soll sich einstmals auch ein Galgen befunden haben.

Kommt man von Solingen, so findet man kurz nach dem Kyllmannweg – wie dieser linksseitig – den Richter-, Recht- sowie Dingerweg, hinter denen der Schöffen- und der Botenweg liegen. Der Hinweise, dass man sich hier einstmals der Rechtspflege widmete, sind also viele.

Als die Stadt Solingen im Jahr 1976 das zu damaliger Zeit recht sanierungsbedürftige Richterhaus erwarb, geschah dies nicht etwa, um es zu renovieren, sondern um es abreißen zu lassen, stand es doch dem geplanten Verlauf der bereits erwähnten Schnellstraße im Wege. Nach Protesten aus weiten Teilen der Bürgerschaft gaben Rat und Verwaltung ihre ursprüngliche Verkehrsplanung auf, suchten

und fanden eine Alternative und stellten das Richterhaus sechs Jahre später sogar unter Denkmalschutz. Im Sommer 1982 erwarb der Solinger Unternehmer Thomas Herriger das Gebäude und ließ es nach vierjähriger Renovierung im heutigen Glanz erstehen.

Einen weiteren Blickfang innerhalb der Hofschaft bildet ein Gebäude mit der Hausnummer 39, das ursprünglich an der Ecke Schlicken/Ritterstraße, also in der Solinger Südstadt, stand. Hier handelt es sich um das Wohnhaus des Gerhard Daniel Knecht, der in den Jahren 1808 bis 1812, also unter französischer Fremdherrschaft, darin seiner Tätigkeit als Bürgermeister der Marie Dorp nachging. Als das Haus dem Bau der Unnersberger Allee weichen musste, kaufte es Thomas Herriger und transloszierte es 1990 nach Dahl.

Überregionale Bedeutung erhielt Dahl durch den unweit der Hofschaft gelegenen „Dahler Hammer", einen Reckhammer, in dem zunächst von August Piepenstock, dann von Robert Hammerstein Gewehre produziert wurden. Im Jahr 1898 erwarb Walter Bröcker die Immobilie und wandelte sie in eine Gastwirtschaft mit Garten namens „Zum kühlen Grunde" um. Auf dem hinter dem Haus gelegenen Teich konnte man in den Sommermonaten mit kleinen Booten fahren, in kalten Wintern Schlittschuh laufen. Leider wurde das Lokal bereits nach sieben Jahren wieder geschlossen.

Ein heute beliebtes Restaurant – das „Merscheider Schützenhaus" – befindet sich im Haus Kyllmannweg 33. Wer dort gespeist und gezecht hat, sollte sich zur Förderung der Verdauung einige Schritte hinunter ins idyllische Dahl begeben.

◄ Die Hofschaft Dahl um 1900, links das Schöffenhaus, hinten rechts das Richterhaus.

Friedrich Albert Lange – Philosoph, Pädagoge, Politiker

Wenn Theodor Heuss, erster Bundespräsident der Bundesrepublik Deutschland, Friedrich Albert Lange zu den „merkwürdigen Randfiguren der geistigen und politischen Geschichte Deutschlands" zählte, dann in dem Sinne, dass man, sich mit seiner Biografie und seinem Schaffen befassend, in Erstaunen, ja Bewunderung versetzt wird. In welchen geisteswissenschaftlichen Bereichen leistete Lange nichts Außerordentliches und erheischte doch nicht jenen Ruhm wie mancher seiner Mitstreiter? Allein das Spektrum seiner Publikationen überrascht. Sie reichen von einer Erörterung über die kulturhistorische Bedeutung der Turnkunst bis zu einem Kommentar über Friedrich Schillers Gedichte. Zu dessen hundertjährigem Geburtstag schrieb er eine vielbeachtete Festrede. Lange ging der Frage nach, ob „jedermann Hauseigenthümer" werden könne und verfasste eine Grundlegung der mathematischen Psychologie. Seine bedeutendsten Werke aber führten die Titel „Geschichte des Materialismus und Kritik seiner Bewegung in der Gegenwart" sowie „Die Arbeiterfrage". Diese Bände gehörten zu jenen, die 1933 von den Nationalsozialisten aus dem Bestand der deutschen Universitäten entfernt wurden.

Geboren wurde Friedrich Albert Lange am 28. September 1828 in Wald als zweites Kind des evangelischen Pfarrers Johann Peter Lange und dessen Ehefrau Amalie Lisette Friederike. Schon wenige Monate nach der Geburt des Sohnes siedelte die Familie nach Langenberg um, 1832 nach Duisburg. Dort besuchte der Junge zunächst die Elementarschule, dann das Gymnasium.

Als Johann Peter Lange 1841 an der Universität in Zürich eine Professur für Theologie erhielt, zog die Familie mit ihm und Sohn Friedrich Albert setzte am örtlichen Gymnasium seine Ausbildung fort, studierte dann in der im Norden der Schweiz gelegenen Stadt Philologie, Philosophie und Theologie.

Später führte er sein Studium in Bonn fort und schloss es 1851 mit der Promotion ab, nachdem er sich im Rahmen der Deutschen Revolution des Jahres 1848 für demokratische Reformen, insbesondere politische

Friedrich Albert Lange. Die 1990 gegründete Walder Gesamtschule trägt seinen Namen.

Enthüllung des Gedenksteins im Walder Stadtpark am 22. Juli 1956.

Freiheiten, eingesetzt hatte. „Leb wohl und kümmere Dich nicht um Politik", meinte die ein Jahr ältere Schwester Alwine ihn ermahnen zu müssen.

Das Ende des Jahres 1840 hatte der Student bei Bekannten in Langenberg verbracht, in deren Haus er erstmals auf seine spätere Gemahlin, die Fabrikantentochter Friederike Colsman, traf. Von nun an hielt sich Lange wieder öfter im Bergischen Land auf.

Nach dem erfolgreichen Abschluss seines Studiums unterrichtete er an verschiedenen Gymnasien und verfasste zahlreiche Beiträge für die „Enzyklopädie des gesamten Erziehungs- und Unterrichtswesens".

Alle Stationen seines bewegten Lebens hier nachzuzeichnen ist nicht möglich. So viel aber sei gesagt: All sein Schaffen, insbesondere sein bereits erwähntes Werk zur Geschichte des Materialismus, weist Lange als Verfechter des Sozialismus aus. Die von ihm verfassten Bücher und Zeitungsartikel, etwa in der „Coburger Allgemeinen Arbeiterzeitung", dem „Boten vom Niederrhein" sowie der „Süddeutschen Zeitung", brachten ihn mehrmals in arge Konflikte mit der Schulbehörde. Gemeinsam mit dem Sozialdemo-

kraten August Bebel und dem Herausgeber Leopold Sonnemann trat er in die Geschäftsführung der „Frankfurter Zeitung" ein.

Von der politischen Lage in Deutschland enttäuscht, verzog Lange im Jahr 1866 mit Ehefrau und Kindern in die Schweiz, unterrichtete am Gymnasium in Winterthur, bis er vier Jahre später eine Professur in Zürich annahm. Im Jahr 1872 wurde er an die Universität Marburg berufen, wo er Vorlesungen in Philosophie, Pädagogik und Psychologie hielt.

Zu seinen Lebzeiten gehörte Lange zu den meistgelesenen Autoren hinsichtlich der Kantischen Erkenntnistheorie sowie der sozialen Lage der Arbeiterklasse. Ohne intensive Studien der Werke des Neukantianers wäre der weitaus bekanntere Sozialwissenschaftler Max Weber nicht zu seinen Theorien hinsichtlich des Spannungsfeldes zwischen Wissenschaft und Ethik gelangt.

In der hessischen Universitätsstadt ist Lange am 21. November 1875 verstorben. Im Solinger Stadtteil Wald erinnern heute eine nach ihm benannte Straße sowie eine Gesamtschule an jene hier geborene „merkwürdige Randfigur".

Schloss Caspersbroich

Wohl ungefähr fünf Jahre vor seiner Ermordung im November 1225 gab Graf Engelbert II. von Berg einem seiner Getreuen ein im Tal der Itter gelegenes Grundstück als Lehen. Der Wortstamm „Broich" deutet darauf hin, dass es sich um ein Feucht- oder gar Sumpfgebiet gehandelt hatte. Dennoch gelang es, das Gelände zu kultivieren und landwirtschaftlich zu nutzen.

Den hierauf errichteten Gutshof erwarb 1438 der aus dem Thüringischen ins Bergische umgesiedelte Ritter Casper von Pertzdorp, der mindestens zwei weitere Landsitze bei Wülfrath sein Eigen nannte und in den Jahren 1454 bis 1476 die Funktion des Amtmannes von Solingen innehatte. Während dieser Zeit baute er das an der Itter gelegene Gehöft zu einer Befestigungsanlage aus.

Die Eheleute Casper und Eva von Pertzdorp hatten drei Söhne. Wilhelm, der älteste von ihnen, erbte das Haus Caspersbroich, starb aber bereits 1507 und hinterließ seiner Ehefrau Margarete neben den genannten Gütern drei weitere bei Wald gelegene. Mit ihrem Sohn, im Gedenken an dessen Großvater ebenfalls auf den Namen Caspar getauft, erlosch die Familie im Mannesstamm. Die Tochter Elisabeth heiratete den aus einem Erkrather Adelsgeschlecht entstammenden Johann von Bawyr und brachte das Haus Caspersbroich mit in die Ehe ein.

Deren Sohn Wilhelm verpfändete es an Elisabeth von Plettenberg, bis dessen Erbe, der 1561 geborene Sohn Christoph vom Bauer, es zurückerlangte. Erst mehr als einhundert Jahre später sah die verschuldete Familie sich gezwungen, den Besitz zu veräu-ßern. Neuer Eigentümer wurde Bernd Eberhard von Bottlenberg-Kessel, dem auch das unweit gelegene Schloss Hackhausen sowie einige Höfe in Haan und Hilden gehörten. Eberhard Friedrich Alexander von Bottlenberg-Kessel, als Sohn Haupterbe, gelangte durch die Eheschließung mit der erbberechtigten Tochter des Hermann Gumbrecht von Kalkum-Lohhausen zu weiterem Grundbesitz in Düsseldorf. Deren Sohn erbte nicht nur den erwähnten Grund und Boden mit den darauf befindlichen Immobilien, sondern gelangte im Laufe seines Lebens zudem an die im Bergischen gelegenen Häuser Blech, Paffrath, von Stade sowie das in der Grafschaft Mark befindliche Haus Neuhoff.

Das zu einem Palais ausgebaute Palais Caspersbroich und dessen Gartenanlage wurden 1732 durch Johann Friedrich von Bottlenberg-Kessel, verheiratet mit Margarethe von Neuhoff, der Schwester des korsischen Königs Theodor I., durch eine ringförmige Mauer umgrenzt und über dem Eingangstor das Wappen derer von Bottlenberg angebracht.

Exakt 40 Jahre später fiel Schloss Caspersbroich durch Heirat an Konrad Steffen von Romberg, einem sauerländischen Adelsgeschlecht entstammend. Es blieb im Eigentum dieser Familie, bis Clemens Conrad Franz von Romberg es 1809 an die Familie von Bussche-Ippenburg verkaufte.

Da die neuen Eigentümer sich mit Napoleon, dessen Truppen das Bergische Land okkupiert hatten, überwarfen, sahen sie sich gezwungen, Schloss Caspersbroich schon ein Jahr später wieder zu verkaufen. Erstmals gelangte der einstige Rittersitz nun in bürger-

Zwei Damen im Park von Schloss Caspersbroich. Hier flanierte einst der bergische Adel. ▶

liche Hände, nämlich die des Johann Adolf Holthausen, dessen Familie es nach etwa einem halben Jahrhundert an die Bergisch-Märkische Eisenbahngesellschaft veräußerte, die nahe des Schlosses Schienen verlegte und einen Bahndamm errichtete.

Am zweiten Ostertag 1877 verbreitete sich in der Umgebung von Caspersbroich das Gerücht, dass dort ein Zug verunglückt sei. Im Nu fanden sich Hunderte von Schaulustigen ein, die diesem Scherz Glauben schenkten. Gewiss werden die Wirtshäuser der Gegend an diesem Tag ein außergewöhnlich gutes Geschäft gemacht haben.

Im Jahr 1883 übernahm der Barmer Fabrikant Heinrich Heegmann Schloss Caspersbroich. Dieser war so geschäftstüchtig, dass er das in seinem Park gemähte Gras wiederholt in der Wirtschaft „Jägerhaus" in Unterhaan an den Meistbietenden verkaufte.

Wer sich heute über den schlechten Zustand von Solinger Straßen beklagt, mag vielleicht Trost darin finden, dass deren Beschaffenheit wohl auch in längst vergangenen Zeiten kaum besser gewesen zu sein scheint. So bezeichnete die „Walder Zeitung" in ihrer Ausgabe vom 3. August 1905 den Weg zum Schloss Caspersbroich als „verwahrlost". Er könne „Fußgängern wie Wagen zum Verderben werden. Solche Zustände sollten in einem geordneten Gemeinwesen nicht zu finden sein."

Ein Jahr später erwarb ein aus dem Köln-Bonner Raum stammender Pferdehändler namens Hans Faßbender Schloss Caspersbroich, über dessen Tochter Margarete es an deren Gemahl, Waldemar Freiherr von Loen, ging.

Nach dem Tod der Eheleute erbte Boris Freiherr von Wolff Schloss Caspersbroich, dessen Ehefrau Eva die Tochter von Lil Dagover, eine der bekanntesten Schauspielerinnen der Stummfilmzeit, war und bis in die späten 1970er-Jahre in Kino und Fernsehen Ruhm

erlangte. Der Filmstar verbrachte viel Zeit auf Schloss Caspersbroich.

Vier Jahre nachdem die Immobilie an die 1897 von Rudolf Kronenberg und Carl Prinz gegründete Kronprinz AG verkauft worden

war, nahm sich 1964 der Düsseldorfer Schauspieler Claus Gorges des sanierungsbedürftigen Baus an und wandelte diesen in eine aus Eigentumswohnungen bestehende Anlage um.

Der im November 1989 bei einem Bombenattentat ums Leben gekommene Alfred Herrhausen, Vorstandsprecher der Deutschen Bank, wohnte einige Zeit in diesem noblen Ambiente.

Schloss Caspersbroich im Jahr 1896, Refugium der Aristokratie und des Geldadels.

Koffee, Kooche on Jebäck

In den 1880er-Jahren hielt sich im Bergischen Land das Gerücht, in Solingen gäbe es mehr Konditoreien als in der Reichshauptstadt Berlin, der damals bevölkerungsreichsten Metropole Europas. Hierbei handelte es sich zwar um eine maßlose Übertreibung, aber auch um einen Hinweis darauf, dass der Solinger Bevölkerung sehr viele Leckermäuler angehörten, die beim Anblick von „Appeltaat", „Prummenkooken" und „Bolleböskern" nicht widerstehen konnten. Auch sonstige Süßwaren, die man als „Schnübbeleien" bezeichnete, fanden reißenden Absatz. Hierbei handelte es sich um „Klümpkes", vorzugsweise aus Anis und Zucker gefertigte Bonbons, oder um Marzipan. Auch Trockenobst war als Naschwerk sehr begehrt.

Wie aber war es, um das erwähnte Gerücht nochmals aufzugreifen, um die Konditoreien in Solingen tatsächlich bestellt? Am 1. Mai 1871 gründete Wilhelm Laubach sen. im Haus Kaiserstraße 180 in Alt-Solingen eine Konditorei, die besonders ihres Speiseeises wegen gerühmt wurde. Zuvor hatte sie bereits ein August Weber geführt. Vermutlich handelte es sich um die älteste Konditorei auf dem Gebiet der heutigen Stadt Solingen. Nach 30 Jahren übergab der neue Inhaber den Betrieb seinem Sohn Wilhelm Laubach jun., der die Konditorei in die Kölner Straße 111 verlegte und dort um ein Café erweiterte. Dabei dürfte es sich um das erste nachweisbare Café in der Stadt gehandelt haben.

Kaffeezeit in dem Restaurant-Café „Wipperaue", ein beliebtes Ausflugsziel seit 1832.

Am 1. März 1913 erfolgte ein weiterer Umzug, diesmal an die Ecke Schützen-/Rathausstraße. Als Wilhelm Laubach jun. 1926 im Alter von nur 54 Jahren unerwartet verstarb, führte seine Witwe den Betrieb für die Dauer von acht Jahren weiter, bis Sohn Hans seine Ausbildung beendet hatte und die Geschäftsführung übernahm.

Anfang November 1944 wurden Konditorei und Café bei einem Bombenangriff völlig zerstört. Nach dem Ende des Krieges nahm Hans Laubach, Obermeister der Konditoren-Innung, den Betrieb zunächst in einer hölzernen Baracke an gewohnter Stelle wieder auf, bis im Jahr 1949 in einem Neubau wieder Koffee, Kooche on Jebäck angeboten werden konnten. Während sich ältere Herrschaften vor Ort Kaffee und die süßen Köstlichkeiten servieren ließen, freuten sich Kinder auf eine Kugel Eis aus eigener Herstellung, die für nur 5 Pfennig zu bekommen war.

Sehr zum Missfallen der Lehrerschaft der August-Dicke-Schule, einer höheren Schule für Mädchen, sowie des Gymnasiums Schwertstraße, in dem bis 1971 nur Jungen unterrichtet wurden, trafen sich Jugendliche beiderlei Geschlechts nach Schulschluss im „Café Laubach" zu Kakao oder Limonade. Die Reaktionen so mancher damaliger Pauker ähnelten denen in der Komödie „Die Feuerzangenbowle". Ernste Ermahnungen bis hin zu Eintragungen ins Klassenbuch waren keine Seltenheit.

Die älteste hiesige Konditorei außerhalb Alt-Solingens befand sich wohl in Wald, 1881 gegründet von Karl Stöcker. Brote, Kuchen, Torten und Schnitten wurden noch mit einem Pferdewagen bis nach Bavert, Fürkeltrath und Ketzberg geliefert. Mitte der 1920er-Jahre kam dann ein Opel-Lieferwagen zum Einsatz. Das familiengeführte Unternehmen wurde von Generation zu Generation erweitert und den Erfordernissen der jeweiligen Zeit angepasst. Es firmiert heute unter Stöcker Backwaren & Partner GbR. Der Sitz des Unternehmens befindet sich allerdings nicht mehr in Wald, sondern in der Löhdorfer Straße 128 in Aufderhöhe.

Je mehr Konditoreien sich im Laufe der Zeit gründeten, um so strenger wachte das Auge des Gesetzes auf deren Arbeit. So wurde durch das sogenannte Margarine-Gesetz aus dem Jahr 1887 bestimmt, dass Bäcker und Konditoren, die statt Butter Margarine verwendeten, dies deutlich lesbar kenntlich zu machen hatten.

Als der Präsident der Rheinprovinz, Gustav Wilhelm Eberhard von der Recke, im Sommer 1892 eine mögliche Sonntagsruhe in Konditoreien und Cafés ins Gespräch brachte, gehörten Solinger Inhaber solcher

Dröppelminna.

Warten auf die Bergische Kaffeetafel in der „Gaststätte Rüdenstein", seit 1929 erfolgreich geführt von der Familie Meis.

Betriebe zu jenen, die sich mit Petitionen erfolgreich gegen dieses Ansinnen wehrten.

Das Geschäft mit Backwaren einfacher Art, aber auch mit Zuckerguss glasierten oder mit Creme bzw. Marmelade gefüllten florierte stark. Eine im Januar 1895 durchgeführte Berufszählung im gesamten Landkreis Solingen ergab, dass hier 577 Bäcker und 60 Konditoren tätig waren. Weit mehr als Konditoren gab es – entgegen anderslautenden Gerüchten – also auch in Solingen Bäcker. Diese hatten keinen Grund, die sprichwörtlichen „kleinen Brötchen" zu backen, gab es doch im Jahr 1840 in dem heutigen Solinger Stadtteil Burg bereits 30 Brezelbäcker.

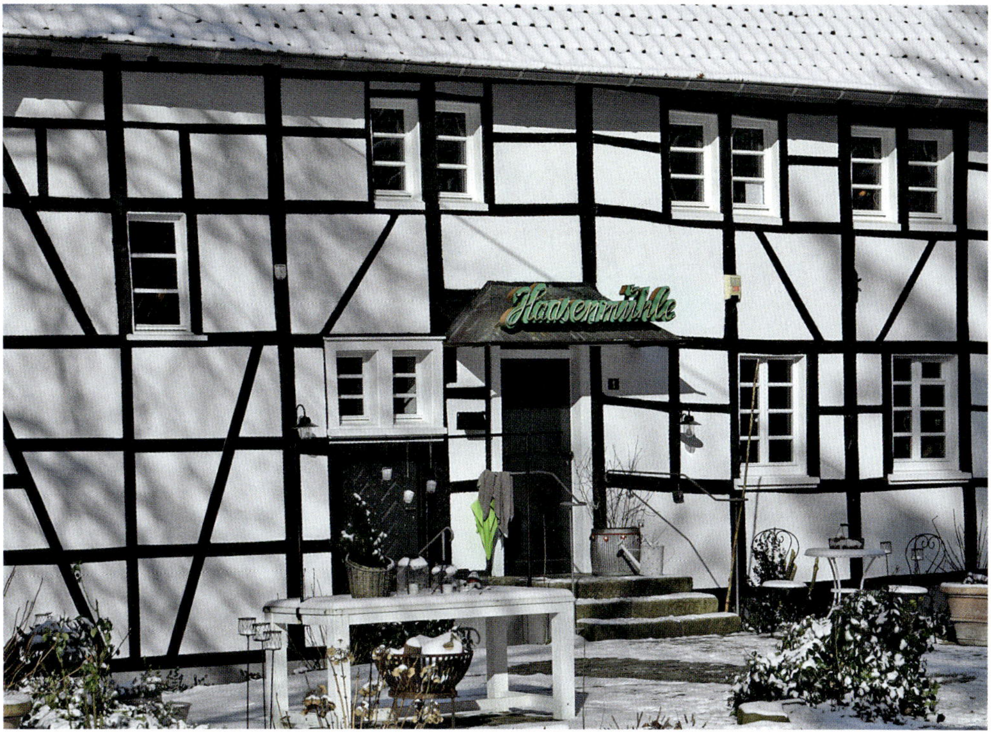

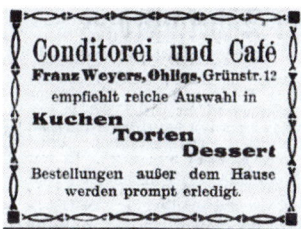

Haasenmühle, gefragt bezüglich Koffee, Kooche on Jebäck. Die auf das Jahr 1507 zurückgehende Mühle ist heute noch ein beliebtes Café.

Conditorei und Café
Franz Weyers, Ohligs, Grünstr. 12
empfiehlt reiche Auswahl in
Kuchen
Torten
Dessert
Bestellungen außer dem Hause werden prompt erledigt.

Eröffnete im Hause Florastrasse 68 eine
Filiale meiner
Bäckerei und Conditorei
verbunden mit Café.
Indem ich täglich für gute und frische Waare bestens Sorge trage, empfehle mich bestens. 4962
Gust. Weisskopf, Kaiserstr. 77.

Bezugnehmend auf Obiges theile mit, daß ich die Führung der Filiale übernommen habe und bitte um geneigten Zuspruch.
Hochachtungsvoll
Wilh. Vershoven, Florastr. 68.

Conditorei ersten Ranges,
Nach langjähriger Condition in den ersten Geschäften habe ich hierselbst eine
Conditorei mit Café errichtet.
Gefrorenes, Sorbets, Crêmes, Aufsätze,
Chocoladen
der renommirtesten Häuser.
Hochfeine Desserts, Confecte und Backwaaren,
Marzipane eigener Fabrikation, hochfein.
Täglich im Anschnitt:
Punsch-, Erdbeer-, Alliance-, Citronen-, Croquandt- und Wiener Torten etc.
Halte mich bei Gelegenheit von Festlichkeiten bestens empfohlen.
Bestellungen werden auf das pünktlichste und sorgfältigste ausgeführt.
Ergebenst
K. Schmidt, untere Kaiserstrasse 45.

BRAUCH'S
Café und Weinstuben
Weingrosshandlung
Ohligs, Düsseldorferstrasse 14.
Vornehmer Familienaufenthalt
EIGENE CONDITOREI
Sonntag, den 11. Januar 1920
GROSSES
KÜNSTLER-KONZERT
Erstklassige Musik.
Weine bekannter Güte. — Gute Küche.

Conditorei
CAFÉ-RESTAURANT
Carl Clauberg
Wald
hält sich einem geehrten Publikum bestens empfohlen.
ff. Mandel-Speculatius.

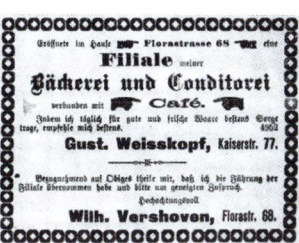

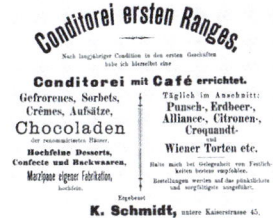

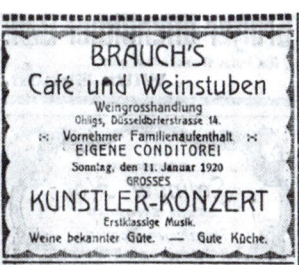

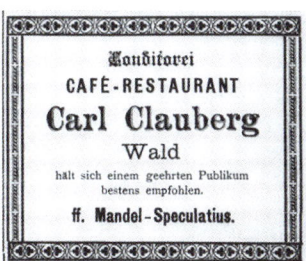

„Wer nicht wirbt, stirbt!", wusste schon Henry Ford. Die Konkurrenz der Cafés in Solingen war früher sehr groß.

Der Burger Kirchenkampf

Die protestantische Gemeinde Burg zählte neben der in Schöller zu den ersten, die sich im Bergischen Land gebildet hatten. Im Herbst 1553 traten sämtliche hier wohnende Gläubige mit ihrem aus Schwelm kommenden Kaplan Johannes Weinsiepen zu jenem Glaubensbekenntnis über, das 1530 von Philipp Melanchthon für den Reichstag zu Augsburg verfasst worden war. In der Folge wurden in dem an der Wupper gelegenen Ort im Kleinen jene Glaubenskämpfe ausgetragen, welche die Phase von Reformation und Gegenreformation vom 16. bis hinein ins 18. Jahrhundert bestimmten.

Seitdem Engelbert I. von Berg dem Orden der Johanniter um 1170 die Möglichkeit geboten hatte, neben dem unter der Ägide seines Vaters gebauten Grafensitz eine Niederlassung zu errichten, hielten sich bis ins Jahr 1553 Ordensbrüder dort auf, die auch für die Betreuung der Christen im Orte zuständig waren. Hatten sie zunächst noch versucht, Weinsiepen zur Umkehr zu bewegen, dann ihn durch einen katholischen Pfarrer zu ersetzen, ergaben sie sich bald dem Widerstand der Gemeinde und zogen ab.

In und um Remscheid, also auch in Burg, hatte das Wirken des bei Lüttringhausen geborenen, im Herbst 1529 als Ketzer verbrannten Reformators Adolf Clarenbach nach dessen Tod fortgewirkt. Namhafte Persönlichkeiten wie der für die herzogliche Kameralverwaltung zuständige Wilhelm von der Sulze und Wilhelm von Scheidt-Weschpfennig, Amtmann von Burg und Solingen, bekannten sich öffentlich zum Protestantismus. Schließlich war selbst Herzog Wilhelm V. von Jülich, Kleve und Berg, der 1539 die Regierungsgeschäfte von seinem Vater übernommen hatte, ein Befürworter der Reformation, der dafür sorgte, dass der

Pfarrer Johannes Weinsiepen einen angemessenen Lohn erhielt.

Auf diesen folgte im Jahr 1579 Hermann Breuhoff. Nachdem Arnold von Lülsdorf 1592 Komtur der Johanniter-Ballei Westfalen geworden war, sorgte er im Folgejahr für Breuhoffs Entlassung und setzte trotz Protestes der Gemeinde und ungeachtet der Tatsache, dass es in Burg keine Katholiken mehr gab, den Ordensbruder Wilhelm Thamerus an dessen Stelle. Wer hätte zu dieser Zeit ahnen können, dass auch dieser zur evangelischen Konfession übertreten wird, wie dies am 14. Juli 1603 auf der Synode von Tönisheide bei Velbert geschah?

Als der Landesherr Johann Wilhelm von Jülich, Kleve und Berg drei Jahre später starb und damit das klevische Herzoghaus zu seinem Ende kam, erhoben sowohl Wolfgang Wilhelm von Pfalz-Neuenburg als auch Johann Sigismund von Brandenburg Anspruch auf Jülich, Kleve und Berg und einigten sich schließlich auf eine gemeinsame Regierung. Zum Entsetzen seines Vaters, des Lutheraners Philipp Ludwig von Pfalz-Neuenburg, konvertierte Wolfgang Wilhelm 1613 zum Katholizismus.

Während des Dreißigjährigen Krieges (1618–1648) war den reformierten Burgern jeglicher Gottesdienst untersagt. In jener Zeit bildete sich in Burg auch wieder eine kleine katholische Gemeinde, deren Messen in der Kirche abgehalten wurden. Als zum Ende des Krieges die Kaiserlichen Truppen, die den Ort 1641 eingenommen hatten, bei ihrem Abzug die Burg und deren Festungsmauern zerstörten, wurde auch die Kirche erheblich beschädigt.

Nachdem der Bevölkerung das Recht der freien Religionsausübung zugestanden worden war, fühlten sich die Burger Katholiken

Grabstein auf dem Friedhof Unterburg. Die Grabstätten aus der Zeit zwischen 1744 und 1854 lohnen einen Besuch.

von dem Gesang der unter freiem Himmel durchgeführten lutherischen Gottesdienste erheblich gestört, sodass die evangelische Gemeinde sich schließlich ins Tal zurückzog und im Jahr 1732 dort den Grundstein für eine eigene Kirche legte. Aufgrund zahlreicher Interventionen der Katholiken kam es beim Bau des Gotteshauses immer wieder zu erheblichen Verzögerungen, sodass der Turm erst mehr als ein halbes Jahrhundert später fertiggestellt werden konnte.

Evangelische Kirche in Unterburg, um 1920. Das Gotteshaus war lange ein Zankapfel zwischen Katholiken und Protestanten.

Vom „Verkündiger" zum „Solinger Tageblatt"

Ob in gedruckter Form oder online: Wer sich über Neuigkeiten aus Solingen informieren will, kommt am „Solinger Tageblatt" nicht vorbei. Dass auch über Geschehnisse aus aller Welt berichtet und das Fernsehprogramm des Tages präsentiert wird, versteht sich von selbst. Wer diese Tageszeitung regelmäßig liest, fühlt sich auf der Höhe der Zeit. Wem aber ist bekannt, dass deren Geschichte bis ins Jahr 1809 zurückgeht und es sich beim „Solinger Tageblatt" um eine der ältesten Tageszeitungen Deutschlands handelt?

Als Carl Siebel das Blatt erstmals herausbrachte, lautete der Name zunächst „Verkündiger" und dieser erschien nicht täglich,

sondern als „Wochenblatt zur Unterhaltung und Belehrung". Bereits bevor Siebel als Verleger in Erscheinung trat, war er in Solingen als Inhaber einer in der Johannisstraße gelegenen Druckerei kein Unbekannter. Vom ersten Tag des Erscheinens seiner Zeitung an unterstand sie der Zensur der französischen Besatzer, die Siebel einmal die Publikation für die Dauer von vier Monaten untersagten und das damals Auf dem Ohlig 14 gelegene Druckhaus vorsorglich versiegelten.

In den Jahren 1822 bis 1834 wurde das Periodikum unter dem Namen „Solinger Wochenblatt" verkauft, bis es dann erneut umbenannt wurde, und zwar in „Solinger Kreis- und Intelligenzblatt". Nun gab es zu jener Zeit vielerorts Intelligenzblätter, womit nicht etwa zum Ausdruck gebracht werden sollte, dass deren Lektüre eine hohe Intelligenz voraussetzte. Eine solche Bezeichnung wies zu damaliger Zeit darauf hin, dass auch und gerade amtliche Bekanntmachungen und geschäftliche sowie private Annoncen zu deren Inhalt gehörten. So wurde man über Konkurse und Versteigerungen, Ratssitzungen und Gerichtstermine ebenso in Kenntnis gesetzt wie über Stellenangebote und Geburten sowie Sterbefälle.

Nachdem das „Solinger Kreis- und Intelligenzblatt" in die Kasernenstraße 57 gewechselt war, verstarb wenig später der Gründer und dessen Schwiegersohn Nikolaus Joseph Hoffmann übernahm ab 1855 die Verantwortung. Bald schon reichte der

Zeitungsverleger Bernhard Boll, gestorben am 24. Juni 1893. Mit ihm begann die Geschichte einer Tageszeitung, die nicht nur über das Weltgeschehen, sondern auch die lokalen Angelegenheiten informiert.

Platz in der Druckerei nicht mehr aus und ein erneuter Umzug stand an, diesmal zum Klosterwall, dann in die Brunnenstraße.

Im Jahr 1867 erwarb Bernhard Boll sen. Druckhaus und Verlag und siedelte mit dem Unternehmen acht Jahre später in die damalige Brüderstraße, die heutige Mummstraße, um. Zu dieser Zeit erschien das „Solinger Kreis- und Intelligenzblatt" bereits seit einigen Jahren dreimal wöchentlich. Ab dem 1. Oktober 1888 wurde es täglich herausgegeben. Auf den Tag genau 24 Jahre später offerierte der Verleger Boll seiner Leserschaft die Zeitung erstmals als „Solinger Tageblatt".

Während der NS-Herrschaft hatte der seit 1919 in der Redaktion tätige Hanns Heinen als Hauptschriftleiter die Verantwortung für die inhaltliche Ausgestaltung der Zeitung gemäß den Vorgaben der Reichsregierung.

Dem zweiten Bombenangriff auf Solingen im November 1944 fiel auch das Druck- und Verlagshaus zum Opfer.

Nach dem Ende des Krieges konnte die Kegelbahn des an der Ecke Katternberger/ Martin-Luther-Straße gelegenen Gasthauses „Hammerstein" vorübergehend in eine kleine Druckerei umgewandelt werden, bis in der Mummstraße ein Arbeiten wieder möglich war und das erste „Solinger Tageblatt" in der ein halbes Jahr zuvor gegründeten Bundesrepublik Deutschland am 1. November 1949 erschien.

Das heute in fünfter Generation in Familienbesitz befindliche Druck- und Verlagshaus brachte die Zeitung über viele Jahrzehnte nachmittags heraus, bevor man sich für die heute noch existente Morgenausgabe entschied.

„Solinger Kreis-Intelligenzblatt" vom 11. April 1835.

„Der Verkündiger" vom 1. Juli 1809.

Solingen in den letzten Kriegstagen im April 1945

Anfang April 1945 herrschte strahlendes Frühlingswetter. Ostersonntag fiel auf den ersten Tag dieses Monats. Amerikanische Truppen begannen mit der Einkreisung des sogenannten Ruhrkessels, in dessen westlichem Teil auch Solingen lag. Langsam, aber stetig bewegten sie sich zum Rhein. Immer enger zogen die Amerikaner den Kreis, innerhalb dessen mehr als 320.000 deutsche Soldaten der unter Befehl von Generalfeldmarschall Walter Model stehenden Heeresgruppe B und Teile diverser Wehrmachtsdivisionen eingeschlossen waren. Noch wenige Tage zuvor hatte Model geäußert: „Der Sieg der nationalsozialistischen Idee steht außer Zweifel, die Entscheidung liegt in unserer Hand!"

In Solingen bildete sich im Geheimen eine antifaschistische Gruppe, deren Ziel es war, die örtlichen Kommandanten von der Sinnlosigkeit jeglichen Widerstands gegen die heranrückenden Truppen zu überzeugen. Die Angehörigen dieser Organisation, die als „Gruppe A" in die Lokalgeschichte einging, waren zum weitaus überwiegenden Teil Kommunisten und Sozialdemokraten, die vor 1933 in der Stadt politisch tätig waren. Als Versammlungsort diente ihnen der Heizungskeller der Lutherkirche. Zwischen Kohlen und Holz, wo niemand sie vermutete, besprachen sie Fragen der nächsten Aktionen. Vereinzelt gab es wohl auch geheime Zusammenkünfte in der Wohnung Paul Kaisers. Neben diesem gehörten zum Beispiel die Brüder Max und Oskar Rieß, Eugen Maurer sowie Dr. med. Alois Blass der Gruppe an. Sie planten, wie die Verwaltung der Stadt nach dem zu erwartenden Zusammenbruch der NS-Herrschaft zum Wohle der Bevölkerung

erfolgen sollte. Auch nahm die „Gruppe A" heimlich Kontakte zu einigen in Solinger Betrieben arbeitenden Fremdarbeitern auf.

Mit einem Flugblatt richteten sich die Antifaschisten am 3. April 1945 gezielt an den Volkssturm: „Verhindert jede Verteidigung, Sprengung oder Verwüstung! Verhindert jeden Verteidigungsversuch in Euren Reihen! Denkt an Eure Familien! Wer sich diesem Aufruf widersetzt, ist ein Saboteur! Bei diesen Saboteuren keine Schonung! Gewalt gegen Gewalt!" In einigen Häusern waren unter der Tür durchgeschobene Flugblätter zu finden, auf denen zu lesen war: „Das deutsche Volk hat nur einen wirklichen Feind, den Führer und seine Nazis!" Ein weiteres Flugblatt, am 7. April 1945 von mutigen Antifaschisten nachts in Briefkästen und vor Haustüren und Luftschutzbunker gelegt, rief dazu auf, Widerstand gegen die vordringenden amerikanischen Truppen zu unterlassen, bei ihrem Heranrücken weiße Fahnen zu hissen und Sprengungen zu verhüten.

Aufgabe des Volkssturms war es, im Stadtgebiet, so an der Kronprinzenstraße und am Brühl, insbesondere an sämtlichen Ausfallstraßen, unter Aufsicht von Parteifunktionären Panzersperren zu errichten. In den Wäldern zwischen Krahenhöhe und Burg sowie oberhalb Kohlfurths wurden zu diesem Zweck dicke Bäume gefällt. Mancherorts innerhalb der Stadt wurden Straßen aufgerissen und Betonklötze hingestellt. Unter Zuhilfenahme von Fremdarbeitern legte der Volkssturm gefällte Bäume als Hindernisse über die Hauptstraßen.

Am 13. April 1945 wurden am Wenzelnberg 71 Häftlinge erschossen. Dabei handelte es sich um 60 Gefangene aus dem Zuchthaus

Lüttringhausen, vier Untersuchungsgefangene aus der Anstalt Wuppertal-Bendahl und sieben in Ronsdorf wegen Diebstahls einsitzende Zwangsarbeiter.

Nur einen Tag später befanden sich die sich von Osten und Süden nähernden Amerikaner unmittelbar vor Solingen. General Weber befahl um 9.00 Uhr, dass die Stadt zu verteidigen sei. In der Hoffnung, den fremden Truppen den Weg hinein nach Solingen zumindest erschweren zu können, sollten Sprengungen u. a. der Müngstener Brücke, des Bahnhofs Schaberg, der Eisenbahnbrücke an der Schützenstraße unweit der Einmündung Felder Straße, des Eisenbahntunnels, der nahe des Nordbahnhofs am Schlagbaum lag, des Wasserwerks Glüder, der Sengbachtalsperre, der Brücken am Wiesenkotten und am Wupperhof vorbereitet werden.

Organisiert durch die „Gruppe A", machten sich in der Nacht vom 14. auf den 15. April 1945 einige Solinger daran, Panzersperren zu beseitigen, die an den Hauptverkehrswegen aufgestellt waren. Auch Sprengladungen, am Vortag auf Befehl von General Weber an den genannten Bauwerken angebracht, wurden entfernt. Als General Weber am Vormittag von dieser Widerstandsaktion erfuhr, erteilte er dem Stadtkommandanten Stolzmann den Befehl, die Verantwortlichen zu bestrafen. Dieser führte den Befehl jedoch nicht aus. Zwischenzeitlich war die 97. amerikanische Division in Oberburg eingetroffen.

Am Mittag des 15. April 1945 erreichte den Ortskommandanten von Krahenhöhe, Dr. Haanen, die Meldung, dass ein Trupp zur Sprengung der Müngstener Brücke unterwegs sei. Der Sprengtrupp, der den Auftrag hatte, die Brücke zu zerstören, lief der amerikanischen Infanterie direkt in die Arme. So wurde die Brücke gerettet.

Das Infanterieregiment unter dem Kommandanten von Samuel M. Lansing erreichte Müngsten, setzte von dort den Weg nach Widdert und Höhscheid fort und rückte

später bis Ohligs vor. In dem gegenüber dem Bahnhof gelegenen Hotel „Central" richtete es sein Hauptquartier ein.

Vom Zentrum Solingens aus machte sich eine Abordnung von Antifaschisten unter der Führung von Max Rieß auf den Weg nach Ohligs, um den US-Kommandeur um ein Gespräch zu bitten.

Am Mittag des 17. April 1945 war das gesamte Stadtgebiet von amerikanischen Truppen eingenommen. Die formale Übergabe der Stadt erfolgte im Stadthaus auf der Potsdamer Straße durch Bürgermeister Dr. Rudolf Brückmann. Anwesend waren dabei Albert Müller (KPD), Paul Kaiser (SPD) und wenige weitere Mitglieder beider Parteien.

Major John O. Hall ordnete an, Oskar Rieß herbeizuholen. Der von den Nationalsozialisten 1933 aus seiner Stellung als Geschäftsführer des Solinger Spar- und Bauvereins entlassene Rieß wurde beauftragt, die Geschäfte des Oberbürgermeisters der Stadt Solingen zu übernehmen. Sein Stellvertreter wurde Richard Erntges, von 1920 bis 1933, zuletzt als Leiter des Personalamtes, in Diensten der Stadtverwaltung Solingen. Von 1946 bis 1955 sollte Erntges als Stadtdirektor, Kämmerer und Kulturdezernent seine profunden Verwaltungskenntnisse unter Beweis stellen.

Die große Zahl weißer Fahnen an den Häusern zeigte den Amerikanern, dass sie mit keinem nennenswerten Widerstand mehr rechnen mussten. Dennoch suchten US-Soldaten in allen Stadtteilen nach versteckten Wehrmachtsangehörigen und Waffenlagern. Wohl die meisten Solinger nahmen das Erscheinen der Amerikaner mit Erleichterung auf, hatten sie doch nun keine Luftangriffe mehr zu befürchten.

Für die Solinger Bevölkerung war der Zweite Weltkrieg am 17. April 1945 endgültig vorbei. Einen Tag später erlosch auch der letzte Widerstand der Heeresgruppe B, die vergeblich versuchte, den Ruhrkessel zu verteidigen.

Die Solinger Innenstadt nach dem Luftangriff im November 1944. „Solingen, das Herz der deutschen Stahl-industrie, ist eine zerstörte, tote Stadt", meldete der Englische Rundfunk.

Die Meigener – der älteste Männergesangverein Deutschlands

Im Osten geht die Sonne auf und im Osten Solingens manchen Musikfreunden das Herz, und zwar angesichts der Tatsache, dass hier, in der kleinen Ortschaft Meigen, der älteste Männergesangverein Deutschlands aus der Taufe gehoben wurde.

Die Idee zur Gründung einer Meigener Singgemeinschaft ging auf den dort wirkenden Lehrer Johann Wilhelm Willms zurück, der auch gleich das Dirigat übernahm. Erst 1803, zwei Jahre nach Gründung des Vereins, gaben sich 21 Freunde der Vokalmusik eine Satzung, deren Präambel lautete: „Aufgabe des Vereins ist es, nach der Arbeit Erholungsstunden zu bieten, die zugleich einen belebenden Einfluss auf Geist und Herz ausüben und dahin wirken, dass das triviale Lied im Volke nach und nach zurückgedrängt und

der Volksgesang nach und nach veredelt werde." Beglaubigt wurde die Satzung durch den Solinger Notar Conrad Birnbach.

Eigentlich hätte sich die Gesangsgruppe auch „Die Johanniter" nennen könne, denn nur zwei der Gründungsmitglieder des Vereins hießen nicht mit Vornamen Johann.

Um dessen hehres Ziel zu erreichen, bedurfte es der Übung. Die Gesangsproben fanden samstags ab 17.30 Uhr, zudem vierzehntägig am Sonntag in der Hofschaftsschule statt. Das heute noch vorhandene Schulgebäude wurde erst 1883 errichtet. Wer eine Probe versäumte, hatte eine, wenn auch geringe Geldstrafe zu zahlen.

Erste öffentliche Auftritte erfolgten bei Hochzeiten und Begräbnissen. Ab dem Jahr 1808 luden die Sänger auch zu Abonnementskonzerten ein, die im Saal des Gasthauses „Robert Joest" in Meigen, später auch im Zentrum der Stadt stattfanden. Im Oktober 1811 wagten sich die Sangesbrüder, unterstützt durch einen Frauen- sowie einen Kinderchor, an Joseph Haydns Oratorium „Die Schöpfung" heran. Bei einer Aufführung, die im Saal des Gasthauses „Wilhelm Jüngel" am Höfchen stattfand, also ungefähr dort, wo sich heute das Solinger Rathaus befindet, wurde die Meigener Singgesellschaft durch Sänger aus Widdert verstärkt.

Dem Vereinsgründer und ersten Dirigenten Willms folgte zunächst der in Kohlfurth geborene Johann Abraham Ohliger, der vor seiner Versetzung nach Meigen an der Walder Schule unterrichtet hatte. Um auch den dritten Dirigenten noch namentlich zu nennen: Dabei handelte es sich um den Lehrergehilfen Heinrich Almenröder.

„Mit Guten im Verein ist besser als allein", wusste schon der Dichter Friedrich Rückert, und ebenso mögen zu einer Zeit,

als es noch keine televisionäre Unterhaltung und Zerstreuung gab, auch jene Männer aus Meigen gedacht haben, die sich zum gemeinsamen Singen zusammenfanden.

Alkohol getrunken wurde vermutlich erst nach dem Ende der Probe, denn wer diese verließ, um seine Blase zu erleichtern, hatte einen Stüber in die Vereinskasse zu geben.

Während der Napoleonischen Kriege wurden auch einige Sangesbrüder zum Militärdienst eingezogen, sodass das Vereinsleben beinahe zum Erliegen kam. Nicht anders war es, als sich in den Jahren 1870 und 1871 Deutsche und Franzosen feindlich gegenüberstanden.

Am 15. Mai 1889 gab sich die Singgemeinschaft eine neue Satzung und nannte sich fortan Meigener Männergesangverein 1801. Dies geschah in einer Phase, in der es in Solingen zur Gründung zahlreicher weiterer Gesangvereine kam, so des seit 1884 bestehenden Männergesangvereins „Solinger Sängerchor", des „Weinsberger Sängerbundes", der Gesangvereine „Concordia", „Philomele", des Vereins „Liederkranz Solingen".

Als der Meigener Gesangverein 1901 sein 100-jähriges Bestehen feierlich beging, beteiligten sich zahlreiche andere Chöre der Klingenstadt am Programm, das in Form eines Gesangwettstreites gestaltet wurde. Zu gewinnen waren Preise, die vom Kaiser, dem Oberpräsidenten der Rheinprovinz, dem Düsseldorfer Regierungspräsidenten sowie dem Oberbürgermeister von Solingen gestiftet worden waren.

Im Jahr 1919 vereinigten sich die Männergesangvereine des Kreises Solingen im Solinger Kreis-Sängerbund, der für den 3. September 1922 zum 1. Bundessingen in die Stadthalle sowie den Kaisersaal einlud.

Als der Meigener Männergesangverein 1941 sein 140-jähriges Bestehen feierte,

◄ Der Chor anno 1901.

befand sich etwa die Hälfte der Mitglieder an der Front. Mit Unterstützung durch die Höhscheider Stadtkapelle wurde „Die Himmel rühmen" dargeboten, getextet von Christian Fürchtegott Gellert, komponiert von Ludwig van Beethoven. Wie damals üblich wurde durch Musikdirektor Franz Vierkötter auch der „Führer" gerühmt.

Nach dem Ende des Zweiten Weltkriegs, im Mai 1948, traten „die Meigener" mit einem anspruchsvollen Konzert, betitelt „Musik aus deutschen Opern", erstmals wieder an die Öffentlichkeit. Unterstützt wurden sie durch den Sänger Albert Zell, Bariton der Städtischen Bühnen Gelsenkirchen, und dem Städtischen Orchester Remscheid.

Die ersten 20 Jahre nach Gründung der Bundesrepublik gelten als die Hochzeit der Solinger Männergesangvereine. Auch der Meigener Verein gewann viele Mitglieder hinzu.

Nachdem 1962 eine Städtepartnerschaft zwischen Solingen und der nordenglischen Stadt Blyth geschlossen worden war, kam es nur ein Jahr später zu einer freundschaftlichen Verbindung der „Meigener" zum dortigen „Backworth Male Voice Choir", mit dem man in der Folgezeit oftmals gemeinsam konzertierte.

Langsam, aber stetig erlebten die Solinger Gesangvereine ihren Niedergang, sodass sie mit Hildegard Knef deren Hit aus dem Jahr 1967 hätten singen können: „Von nun an ging's bergab". Alte Sangesbrüder starben und kaum neue kamen hinzu, sodass sich die Meigener Sänger 1975 mit dem Männergesangverein Schaberg-Bergisch Land 1885 zusammenschlossen. Im Jahr 2001 sah man sich erneut gezwungen, mit anderen Vereinen zu fusionieren, diesmal mit dem Männerchor Hästen-Dorperhof 1857 sowie dem Sängerchor Solingen-Widdert 1886. Letztlich aber glichen diese Zusammenschlüsse gescheiterten Notoperationen. Am 1. Januar 2022 löste sich der älteste deutsche Männergesangverein auf.

Die Schule Meigen, Gründungsort des MGV Meigen. Es handelt sich um eine der ältesten Hofschulen der Stadt.

Vereinsmitglieder anlässlich des 100. Jubiläums 1901.

Auftritt im Walder Stadtpark, August 2015.

Von den Solinger Nachtwächtern oder wie der Bevölkerung ein Licht aufging

Wer hinsichtlich heutiger Kriminalstatistiken glaubt, in der vermeintlich guten alten Zeit sei alles besser gewesen, mag sich eines anderen belehren lassen. Insbesondere Straßenraub und Mord kamen bereits im 8. Jahrhundert so gehäuft vor, dass Kaiser Karl der Große sich zu der Anordnung gezwungen sah, dass die Gemeinden Nachtwächter einzustellen hatten. Ausgerüstet mit Hellebarde, Laterne und Horn zogen die für die Sicherheit der Bürger verantwortlichen Männer durch die Straßen und Gassen. Erst infolge eines im Jahr 1495 vom Reichstag zu Worms gefassten Beschlusses kam für jene Männer, welche die öffentliche Ordnung und Sicherheit zu gewährleisten hatten, erstmals der Begriff „Polizey" auf.

Während der Regentschaft von Herzog Wilhelm V. wurde 1550 eine „Jülich-Bergische Polizey Ordnung" geschaffen, der fünf Jahre später eine „Ordnung und Reformation des gerichtlichen Prozesses" folgte. In Kriegszeiten allerdings fanden sowohl Polizeiordnung sowie Strafgerichtsbarkeit kaum Anwendung.

Der Rat der Stadt Solingen beschloss 1602 eigens eine „Tag- und Nacht-Wach-Ordnung", in der dargelegt wurde, dass und wie die Bevölkerung vor Raub und Mord zu schützen sei. Jene, die deren Sicherheit gewährleisteten, entsprachen eher dem Berufsbild des Nachtwächters als dem eines Polizisten. In einem Ratsprotokoll vom 30. Juni 1670 ist einer der Solinger Nachtwächter namentlich genannt. Dort steht zu lesen: „Zum Nachtwächter ahngenommen Theis Sahm, Ihme versprochen worden 24 Rthlr. Specie."

Der älteste Nachweis über die Existenz von Nachtwachen in Gräfrath stammt vom 2. Oktober 1702. An diesem Tag wurde dokumentiert: „Scheffen und Rath beysamen gewesen, die Wachen zu bestellen."

Im Jahr 1756 fassten die Gräfrather Ratsherren den Beschluss, dass fortan allabendlich vier mit Gewehren ausgestattete Männer bis zum Morgengrauen die angst- und sorgenfreie Nachtruhe der braven Bürger garantieren, sich dabei jedoch nicht deutlich sichtbar auf den Straßen und Gassen bewegen sollten. Ihnen wurde aufgetragen, sich möglichst versteckt zu halten. Wer sich des Nachts draußen aufhielt, wurde von den Wächtern zum Stehenbleiben aufgefordert und musste, sofern diese Aufforderung unbeachtet blieb, mit unverzüglicher Erschießung rechnen. Wer sich nach Anbruch der Dunkelheit noch draußen aufhielt, wurde mit Argwohn beobachtet und a priori dem „lichtscheuen Gesindel" zugeordnet.

Der Solinger Bürgermeister Johann Knecht der Jüngere brachte im Jahr 1743 die Idee auf, mittels Beleuchtung der Straßen für mehr Sicherheit zu sorgen. Ein an die Honoratioren der Stadt gerichteter Aufruf, zu diesem Zweck Geld zur Verfügung zu stellen, blieb erfolglos. Wer ausreichend Barvermögen besaß, versah sein eigenes Haus mit einer Laterne.

Zwischen 1806 und 1813, als das Bergische Land unter französischer Herrschaft stand, musste jede hier lebende männliche Person im Alter zwischen 18 und 60 Jahren damit rechnen, zum Nachtwächterdienst herangezogen zu werden. Lediglich Pfarrer und Lehrer waren von dieser Pflicht befreit.

Als im Jahr 1809 in Solingen die Zeitung „Der Verkündiger" erstmals publiziert wurde, nahm er sich dem leidigen Thema der unzureichenden Straßenbeleuchtung nochmals an.

Nachdem das Bergische Land durch den Wiener Kongress am 31. Mai 1815 dem Königreich Preußen zugesprochen worden war, wurden die Bürger selbst in die Pflicht genommen. Wer nämlich ohne Laterne in der Dunkelheit angetroffen wurde, musste mit Kerkerhaft rechnen. Neben den Nachtwächtern sorgte ab 1816 in Solingen die dem Landrat unterstellte Gendarmerie für Ruhe und Ordnung.

Wie bereits sein Vorgänger Johann Knecht der Jüngere versuchte auch Karl Klönne, von 1817 bis 1835 Bürgermeister von Solingen, durch Geldspenden aus der Bürgerschaft, mehr Licht auf Solingens Straßen und Plätze zu bringen. In einem an den Landrat Georg Friedrich Bärsch adressierten Bericht vom 11. Dezember 1820 verwies Klönne darauf, dass bereits neun Laternen vorhanden seien, die Inbetriebnahme von drei weiteren bevorstehe. Der Brennstoff, der für deren Beleuchtung sorgte, bestand aus einem Gemisch von Rüben- und Leinöl, bis 1859 auf Gasbeleuchtung umgestellt wurde. Fünf Jahre später taten in Alt-Solingen 97 Gas- und zwei Petroleumlampen ihren Dienst. In den anderen heutigen Stadtteilen fand die Ausrüstung mit solchen Laternen mit Verzögerung statt. Die Chaussee zwischen Schlagbaum und Mangenberg wurde erst 1889 beleuchtet. Wer heute offenen Auges die meistbefahrenen, die Innenstadt mit den anderen Stadtteilen verbindenden Hauptverkehrsstraßen passiert, wird dort energiesparende LED-Beleuchtung finden.

Es sind einige Wächter-Stellen vacant. Dazu Lusttragende können sich daher auf dem Verwaltungs-Bureau melden.

Es dienet dabey aber zur Nachricht, daß nur auf Männer Rücksicht genommen wird, die eines unbescholtenen Rufes genießen, einen nüchternen, ehrbaren Lebenswandel führen, und die erforderliche körperliche Konstitution besitzen. Solingen, am 17. im December, 1811.

Der Maire Goebel.

„Der Verkündiger" vom 18. Dezember 1811.

Der Polizeysergeant und die Wächter werden hiermit unter eigener Verantwortung angewiesen, so wie der Brigadier der Gensdarmerie eingeladen wird, durch seine Brigade, in vorkommenden Fällen, auf die Aufrechthaltung dieser Verordnung zu wachen und wachen zu laßen; und soll jeder Dawiderhandelnde, der auf die Anmahnung dieser Angestellten, sich zu entfernen, nicht gehorcht und sich im Augenblick völlig entfernt, angehalten und auf das Verwaltungsbureau zur verdienten Bestrafung geführt werden.

Gegenwärtiges soll durch den Gassenruf verkündet, und in das hiesige Wochenblatt eingerückt werden. Solingen am 17ten im Mai 1810.

Für den Herrn Maire abwesend, J. Ph. Neuhaus, 2ter Beigeordneter.

„Der Verkündiger" vom 19. Mai 1810.

Wie die Verwaltung im 19. Jahrhundert mit der Bevölkerung Schlitten fuhr

Um bereits vor der Lektüre dieses Berichtes etwaigen Missverständnissen vorzubeugen: Kein Solinger Beamter hätte es jemals gewagt, während seiner Dienstzeiten die Amtsstube zu verlassen, um den Vergnügungen des Wintersports nachzugehen. Ist hier vom Schlittenfahren die Rede, so ausschließlich im übertragenen Sinne, dem nämlich, dass die hiesige Bürgerschaft recht willkürlich, in unangemessener Weise bevormundet wurde. Diese Bevormundung allerdings bezog sich durchaus auch auf die winterlichen Aktivitäten, welche die Stadtverwaltung bereits um das Jahr 1800 meinte verbieten zu müssen.

Wohl weil sich weder Jung noch Alt an die städtischen Verordnungen hielt, rief Peter Müller, von 1835 bis 1843 Bürgermeister von Solingen und Dorp, am 16. Januar 1838 „das frühere Verbot wegen des Schlittenfahrens auf den Straßen und öffentlichen Plätzen in Erinnerung."

Zwei Jahre später durfte sich über ein Privileg freuen, wer über ein Ross verfügte, hieß es doch in einer amtlichen Bekanntmachung vom 7. Januar 1840: „Das Fahren mit Schlitten, die nicht mit Pferden bespannt sind, ist auf allen Straßen, Fußwegen und öffentlichen Plätzen der Stadt, so wie auch auf der Weyersberger Straße verboten." Wer also einen Gaul sein Eigen nannte, durfte diesen vor seinen Schlitten spannen.

An der Peripherie der Stadt scheinen andere Regeln gegolten zu haben, konnte Carl Jacobs, der an der Solingen mit Cronenberg verbindenden Kohlfurther Brücke ein Gasthaus führte, im „Solinger Kreis-Intelligenzblatt" vom 5. Februar 1811 damit werben, dass „Herren und Damen, bei gefrorener Wupper, zum Schlittenfahren und Schlittschuhlaufen" an seinem Haus „eine vortreffliche Bahn" finden.

Ein Jahr nach seiner Wahl, nämlich am 4. Januar 1844, erinnerte der Solinger Bürgermeister Christoph Alexander Wilhelm von Keller daran, „dass das Verbot des Schleifbahnen-Anlegen und Schlittenfahren auf den Straßen und gangbaren besonders abgängigen Wegen noch fort bestehet." Bei Zuwiderhandlung sei der Polizei-Wachtmeister befugt, „die Schlitten weg zu nehmen". Auch müsse mit einer Anzeige beim „Polizei-Gericht" gerechnet werden. Dieses Verbot wurde am 31. Januar 1845 erneuert und erweitert, denn fortan war auch „das Werfen mit Schneeballen" nicht mehr gestattet.

War jenen, die im Transportwesen ihren Lebensunterhalt verdienten, die Nutzung von Schlitten gestattet, so mussten sie mit bösen Überraschungen rechnen. So war im „Solinger Kreis-Intelligenzblatt" vom 9. Januar

Polizeiliche Anzeige.

Es wird in Erinnerung gebracht, daß das Verbot des Schleifbahnen-Anlegen und Schlittenfahren auf den Straßen und gangbaren besonders abhängigen Wegen noch fort bestehet.

Die Königliche Gensd'armerie und der Polizei-Wachtmeister sind beauftragt, den Dagegen-Handelnden die Schlitten weg zu nehmen und dieselbe, zur Stellung vor das Polizei-Gericht, anzuzeigen.

Solingen, den 4. Januar 1844.

Der Bürgermeister:
von Keller.

„Solinger Kreis-Intelligenzblatt" vom 6. Januar 1841.

1847 von einem Boten zu lesen, dem „von seinem Schlitten ein Sack gestohlen" wurde, in dem sich u. a. „drei Ellen schwarz-wollenen Tuches" und „Cigarren mit der Adresse ‚Schlechtendahl in Solingen'" befanden.

In eben dieser Zeitung annoncierte am 16. Januar 1850 ein J. Häckes: „Auf den Wunsch vieler Damen und Herren in hiesiger Stadt, habe ich einen eleganten, für 6 bis 7 Personen bequem eingerichteten Schlitten anfertigen lassen, und empfehle denselben meinen geehrten Gönnern zu allerhand Ausflüchten bestens." Der Inserent, der – wie heutige Taxiunternehmen – gegen Entgelt die Personenbeförderung übernahm, bat die Leserschaft darum, seinen Schlitten „in immerwährende Thätigkeit zu setzen."

Sonderrechte hatten wohl auch Geistliche, denn am 10. Dezember 1855 traf der aus Wetter an der Ruhr angereiste neue Hilfspfarrer der Evangelischen Gemeinde, Alfred Petersen, per Schlitten in Solingen ein, wo er von dem Pfarrer Wilhelm Zurhellen und zahlreichen Mitgliedern der Gemeinde freudig begrüßt wurde.

Während der zweiten Hälfte des 19. Jahrhunderts scheint die Solinger Verwaltung die Vorschriften hinsichtlich des Schlittenfahrens gelockert zu haben, konnte doch ein in Weeg ansässiger Gastwirt, der für den 10. Januar 1868 zu einem Festessen eingeladen hatte, mit einer „Fahrgelegenheit zu Wagen und zu Schlitten" werben.

War die Nutzung von Schlitten gestattet, so gewannen die Kufenfahrzeuge an Attraktivität, sodass auch deren Diebstähle zunahmen. So war in der Ausgabe des „Solinger Kreis-Intelligenzblatts" vom 31. Dezember

1869 diese Anzeige eines Wilhelm Tilmes zu finden: „Die Wohlbekannten, welche am Sonntag den 5. d. Mts. mir meinen Schlitten entwendet haben, werden hiermit aufgefordert, sich innerhalb 8 Tagen mit mir abzufinden, widrigenfalls ich sie gerichtlich belangen werde."

Die Zunahme des Gebrauchs von Schlitten führte auch zu einer Häufung von Unfällen. Exemplarisch sei hier von einem solchen berichtet, der sich am Nachmittag des 21. Januar 1881 zutrug, als ein „etwa 60jähr. Mann vom Böckerhof von einem mit einem Pony bespannten Schlitten, welchem er nicht rasch genug auszuweichen vermochte, überfahren" wurde, wie der Lokalzeitung vom folgenden Tag zu entnehmen war.

Dreißig Jahre später, am 26. Januar 1911, kam es zu einem Treffen Verantwortlicher der Stadtverwaltung, der Polizei, des Rodelclubs sowie des Lehrer-Turnvereins. Ziel der Versammlung war es, sich auf einige Straßen zu einigen, auf denen das Rodeln erlaubt werden sollte. Zur Diskussion standen beispielsweise die Körnerstraße ab der Kreuzung Bülowstraße bis zum Bismarckplatz, der Weg von Bünkenberg bis zum Wupperhof, die Strecke zwischen dem Klauberger Hof und dem Kannenhof. Eine Einigung konnte – insbesondere aufgrund von Bedenken der Verwaltung und der Polizei – nicht erzielt werden. Im Februar 1912 wurde als einzige Straße Solingens die Körnerstraße für den Rodelsport freigegeben. Auf eine diesbezügliche schriftliche Bekanntmachung wurde verzichtet. Stadtverwaltung und Polizei sagten jedoch zu, die Nutzung stillschweigend zu dulden.

Solinger Vereinsmeierei

„Mit Guten im Verein ist besser als allein", so heißt es bei Friedrich Rückert (1788–1866). Von jeher gehörte diese Erkenntnis zu den unter der Solinger Bevölkerung am meisten verbreiteten. So wurden hier zu Lebzeiten dieses Dichters zahlreiche Chöre wie die Meigener Singgemeinschaft (1801), der Männergesangverein Wupperhof (1812), der Männergesangverein Burg an der Wupper (1846) und der Merscheider Männergesangverein (1861) gegründet. Auch religiös motivierte Zusammenschlüsse – hier sei exemplarisch der Verein zur christlichen Erbauung in Widdert (1837) genannt – wurden ins Leben gerufen, ebenso zahlreiche Lesegesellschaften wie die 1832 gegründete Meigener Lesegesellschaft und der Leseverein

zu Paashaus (1863), der seine Versammlungen im Gasthaus „Jägerhof" in der heutigen Lützowstraße abhielt. Der Wipperauer Leseverein, seitens des Höhscheider Bürgermeisters Josef Pütz sozialistischer Umtriebe verdächtigt, geriet 1878 auf dessen Betreiben ins Visier von Polizeispitzeln. Dabei gehörte die Beachtung von „Anstand und Sitte" der Lesegesellschaft zu den Voraussetzungen einer Mitgliedschaft.

Andere Vereine, die sich Bildung und Kultur zum Ziel setzten, gaben sich Namen wie „Erholung" oder „Eintracht". Um das Seelenheil insbesondere der Solinger Arbeiterschaft sorgte sich der seit der Mitte des 19. Jahrhunderts aktiv gewesene Enthaltsamkeitsverein, der 1908 im Verein gegen den

Geselligkeitsverein Casino 1914 in Gräfrath. So sahen die Vorgänger heutiger Bands aus.

Missbrauch geistiger Getränke aufgng. Wohl alles andere als enthaltsam waren die Mitglieder von Vereinen mit klangvollen Namen wie „Lustige Brüder", „Allotria", „Geckenecke" und „Jocus".

Dass auch der Genuss des Tabaks allein weniger Freude bereitete als in Gesellschaft, bezeugt die große Anzahl an Rauchervereinen, die es im 19. Jahrhundert in jedem heutigen Solinger Stadtteil gab. In Dorp wären der Schlicker Raucherclub, in Höhscheid der Raucherverein Erholung am Grünewald zu nennen. Im Südwesten Alt-Solingens gaben sich die Mitglieder des Kotter Raucherclubs ihrem Laster hin. Vergleichbare Vereine hießen „Blaue Wolke" sowie „Volldampf". Nicht nur am Genuss des Tabaks erfreuten sich jene Ohligser, die im Zigarren-Abschnitts-Sammelverein aufeinandertrafen.

Solinger, die regelmäßig gemeinsam einen Geldbetrag einsetzten, um einen weitaus größeren Gewinn zu erzielen, gründeten Lotterievereine, deren Namen den Optimismus der Mitglieder zum Ausdruck brachten, hießen sie doch „Zur guten Hoffnung" oder „Nicht verzagt".

Zu den Sportvereinen, die es vermutlich nur in Solingen gab, zählten der Wenkvogels-Verein op der Nordstroote, der im Herbst auf den Feldern und Wiesen rund um Klauberg seine Windvögel in den Himmel steigen ließ,

sowie der Holzschuh-Rennverein, über den es im „Ohligser Anzeiger" vom 5. September 1888 hieß: „Es war eine wahre Völkerwanderung, die am verflossenen Montag dem Rennplatz des Holzschuh-Rennvereins in Aufderhöhe zupilgerte. Schon vor Beginn des Rennens war der Platz dicht von Zuschauern besetzt und immer zogen noch Hunderte von Menschen dem Schauplatze zu. Es ist deshalb nicht Wunder zu nehmen, daß es den aufsichtsführenden Mitgliedern nicht möglich war, Kontrolle betreffs der Einlaßkarten weiter zu führen. Ueberall wurde die Umzäunung durchbrochen, um noch einen ordentlichen Platz, von wo man das Rennen aus beobachten konnte, zu bekommen." Am Herren-Rennen, das ein in Löhdorf wohnender Carl Schmitz gewann, nahmen 24 Männer teil. Was im Anschluss an die Preisverleihung geschah, war wie folgt nachzulesen: „Als das Damen-Rennen, zu welchem acht Anmeldungen erfolgt waren und sehr interessant zu werden versprach, beginnen sollte, drängte sich das Publikum dermaßen in die Bahn, daß es den vereinten Kräften der Vereinsmitglieder und der Polizei nicht mehr möglich war, die Bahn freizubekommen. Das Damen-Rennen musste infolgedessen unterbleiben."

Von vornherein hinsichtlich einer Mitgliedschaft nicht in Betracht kamen die Damen bei jenem Verein, der sich Kirschbaumer Bartverein nannte. Die allesamt vollbärtigen Angehörigen dieses Vereins tagten allerdings in dem von einer Frau, der Witwe des Gastwirts Carl Grah, geführten Lokal.

„Was hilft die Kunde der Vergangenheit? Sie kündet eins nur: es vergeht die Zeit", so lautet ein altes Sprichwort. Wie auch andernorts ist in Solingen seit mindestens einem halben Jahrhundert ein Vereinssterben zu beobachten.

Der Walder Fleischer-Verein
beabsichtigt am
Sonntag, den 2. Februar cur.,
im Saale der **Wwe. H. Odendahl** hierselbst ein
WINTER-FEST
bestehend in
Concert, Theater-Aufführungen und
BALL
zu feiern. — Die Musik wird von der **Walder Feuerwehr-Capelle** ausgeführt. ☞ Karten sind vorher à **50 Pfg.** bei den Mitgliedern und im Festlocale zu haben.
Cassapreis **75 Pfg.** — Damen frei.
Der Vorstand.

„Walder Zeitung" vom 1. Februar 1890.

Katholischer Bürgerverein Constantin, 1903. Neben der
Geselligkeit standen auch konfessions- sowie sozialpolitische
Ziele auf dem Programm.

Wie den Solingern im 19. Jahrhundert das Feiern des Karnevals erschwert wurde

Als die Römer um 50 nach Christi ins Rheinland kamen und Köln zu ihrer Kolonie ausbauten, brachten sie ein Frühlingsfest mit, das sie alljährlich zu Ehren Saturns, ihres Gottes des Ackerbaus, feierten, während die hier angestammte Bevölkerung die Vertreibung der Winterdämonen zelebrierte. In späterer Zeit nahmen die Christen beide Traditionen auf und wandelten sie in einen Fastnacht- bzw. Karnevalsbrauch (carne vale= Fleisch lebe wohl) um. In Köln ist dieser Brauch seit der ersten Hälfte des 14. Jahrhunderts bekannt, allerdings nur als Straßenkarneval. Bälle in Sälen kamen wohl erst nach dem Abzug der Franzosen auf. Hinsichtlich der öffentlichen Umzüge zeigten sich die Besatzer erstaunlich tolerant.

Wann sich in dem kaum 30 Kilometer von Köln entfernt gelegenen Solingen erstmals die Sitte des Karnevalfeierns etabliert hat, ist unbekannt. Dies muss allerdings vor 1810 geschehen sein, hieß es in einer Polizeiverordnung vom 2. März, die am folgenden Tag in der Lokalzeitung „Der Verkündiger" veröffentlicht wurde, dass „das Maskiren, wie bisher erlaubt" sei. Allerdings hatte, wer sich maskieren wollte, bei dem Beigeordneten Neuhaus zum Preis von 12 Stüber eine Bescheinigung zu erwerben, die an den „drei tollen Tagen" jeweils von 9 bis 22 Uhr gültig war. Mit einer Geldstrafe in Höhe von einem Reichstaler oder gar Arrest hatte zu rechnen, wer ohne ein solches Dokument maskiert angetroffen wurde. Wer – sei es mit oder ohne Genehmigung – eine Maske trug, die in beleidigender Weise dem Gesicht einer realen Person ähnelte, hatte gar drei Reichstaler zu zahlen oder wurde zur Strafe ins Gefängnis gebracht. Die gleiche Buße hatte zu leisten, wer als Maskierter eine Waffe bei sich führte.

Dass es im Jahr 1810 neben dem Straßenkarneval bereits Maskenbälle gab, ist dadurch belegt, dass Franz Lay, der als Direktor einer Schauspielgesellschaft im „Steinschen Lokal" in der Linkgasse tätig war, „mit obrigkeitlicher Erlaubnis" für den 6. März in dessen Saal einlud. In der Einladung hieß es: „Ich ersuche alle resp. Liebhaber, welche daran Vergnügen finden, den Ball mit ihrer Gegenwart zu beehren." Als Entrée waren 24 Stüber zu entrichten. Im folgenden Jahr kostete der Besuch des Balles im Steinschen Saal bereits 30 Stüber, und zwar „unter der Verbindlichkeit, sich nicht zu demaskieren."

Nachdem das Rheinland an Preußen fiel, wurde es der hiesigen Bevölkerung erschwert, die närrische Tradition zu pflegen. So ließ Karl Klönne, Bürgermeister von Solingen und Dorp, per „Obrigkeitlicher Bekanntmachung" vom 27. Januar 1826

Solinger Karnevalsverein, um 1910. Noch heute gibt es in der Klingenstadt mehrere solcher Vereine.

wissen, dass „das Maskieren auf den Straßen des Sonntags und Montags hiermit gänzlich verboten", am Dienstag lediglich mit amtlicher Genehmigung erlaubt ist, die beim Amt zu erwerben fünf Silbergroschen kostete.

Die maskierte Teilnahme am obligatorischen Ball im Steinschen Saal wurde 1826 sowie im darauffolgenden Jahr offenbar genehmigt, lud Peter Stein doch nach dort ein. Voraussetzung war allerdings nicht nur, dass die Jecken sich zwischen 15 und 17 Uhr im Rathaus die Erlaubniskarte holten, sondern dass sie auch zehn Silbergroschen Eintritt bezahlten. Bei dem im Jahr 1828 im Steinschen Haus durchgeführten Ball durften weibliche Narren erstmals auch ohne Masken teilnehmen, was vermutlich weniger auf deren eigene Initiative als die der Herrenwelt zurückgegangen sein dürfte.

Auf „allerhöchste Kabinets-Ordre vom 20. März 1828" wurden für die folgenden Jahre „alle Karnevals-Maskeraden in kleinen Städten verboten." Da auch Solingen zu diesen Städten gehörte, wurde auch hier das fröhliche Treiben über Jahrzehnte streng reglementiert. Noch Peter Müller, von 1835 bis 1843 Bürgermeister von Solingen und Dorp, beauftragte die Polizei bis zum Ende seiner Amtszeit alljährlich, „auf die Befolgung dieser Verordnung strenge zu wachen." Sein Nachfolger, Christoph Alexander Wilhelm von Keller, übernahm die Anordnungen Müllers beinahe wortwörtlich.

Die 1840 gegründete Casino-Gesellschaft, die für den 26. Februar 1843, 19 Uhr, zu einem Ball einlud, wies ausdrücklich darauf hin, dass keine Masken zu tragen sind.

Am 17. Februar 1844 fand wohl erstmals auch in dem Lokal des Gastwirts Albert Weber ein Fastnachtsspektakel statt, anlässlich dessen einige Gäste auf die Idee kamen, einen Karnevalsverein zu bilden. Zu dessen Konstituierung trafen sich diese „Freunde des Witzes, der frohen Laune und des geselligen Vergnügens" am frühen Abend des

8. Dezember desselben Jahres erneut in der Gastwirtschaft Weber.

Gab es in Köln zu Rosenmontag 1845 zwei miteinander konkurrierende Straßenumzüge, einen von der obrigkeitshörigen sowie einen von der demokratischen Bewegung organisiert, so existierten auf dem heutigen Stadtgebiet Solingens zumindest zwei Karnevalsvereine, denn in diesem Jahr trat auch die Wauler Faseloves-Kompaney an die Öffentlichkeit. Wie die beiden Vereine politisch ausgerichtet waren, ist unbekannt. Gesichert aber ist, dass die in der Gastwirtschaft des Jacob Hilgers am Mühlenplätzchen veranstalteten Fastnachtsbälle eher von linken Solingern besucht wurden, traf sich hier doch auch regelmäßig der von dem Bierbrauer Hermann Rose geführte Demokratische Club, von dem am 16. und 17. März 1848 der Sturm der Arbeiter auf die Gießereien am Werwolf, Platzhof sowie in Burg ausging.

Zu dem am Fastnachtssonntag, also am 18. Februar 1849, durchgeführten Ball lud der Wirt Hilgers ausdrücklich „die Herren Meister und Gesellen" ein.

In den ersten Jahren des 20. Jahrhunderts wurden die Verordnungen hinsichtlich der Karnevalsfeierlichkeiten langsam gelockert. Verkleidungen mittels Uniformen aber blieben ebenso verboten wie das Tragen von Damenkleidung von Herren sowie das von Herrenkleidung von Damen.

Die im Jahr 1900 gegründete Karnevalsgesellschaft Muckemau sorgt in der Klingenstadt bis in die Gegenwart hinein für Jubel und Trubel während der Fastnachtszeit. Der Verein verfügt über ein eigenes Lied, in dem es heißt: „Mau Mau Muckemau, so werden wir genannt. Mau Mau Muckemau ist außer Rand und Band. Mau Mau Muckemau, wie klingt das doch so schön. Mau Mau Muckemau darf niemals untergehn."

Kurze Chronik Solingens

965	Im Testament des am 11. Oktober verstorbenen Kölner Erzbischofs Bruno I. wird bestimmt, dass die in der Domstadt gelegene Abtei Sankt Martin ein Gut namens *Solagon* erhalten soll. Vermutlich war damit ein Hof auf heutigem Gebiet der Stadt Solingen gemeint.
1168	Als erster namentlich bekannter Adeliger Solingens wird ein auf dem Fronhof lebender Ritter Arnoldus erwähnt.
1187	Das Gräfrather Kloster der Benediktinerinnen wird gegründet.
1189	Engelbert I. von Berg erwirbt von Arnold von Tyvern neben Düsseldorf und Ratingen u. a. Wald.
1298	Wilhelm I. von Berg verleiht dem Gräfrather Kloster der Benediktinerinnen bezüglich des Ortes ein Weinzapfprivileg.
1300	Erstmals findet eine Pfarrkirche in Solingen Erwähnung.
1309	Einer Legende zufolge bringt ein Graf von Hückeswagen von einem Kreuzzug einen Knochensplitter der Heiligen Katharina von Alexandrien als Geschenk mit.
1340	Das Gut Solingen geht in den Besitz des Ritters Engelbert von der Mark über.
1358	Engelbert von der Mark verkauft das Gut Solingen an den Ritter Heinrich von Oefte, vermutlich verheiratet mit Adelheid, der Tochter des Ritters Arnold von Solingen.
1359	Durch Heinrich von Oefte gelangt Graf Gerhard von Berg an das Gut Solingen.
1374	Ein landesherrlicher Freiheitsbrief, der Solingen mit weitreichenden Rechten ausstattet, wird als Verleihung der Stadtrechte gedeutet.
1402	Herzog Wilhelm II. von Berg erhebt Gräfrath zur Freiheit, wodurch es steuerliche Privilegien erhält.
1412	Die Solinger Schwertfeger werden mit einem landesherrlichen Privileg ausgestattet.
1420	Ein am 14. April ausgestelltes Dokument weist Solingen erstmals nachweislich als Stadt aus.
1436	Herzog Adolf VII. von Jülich-Berg erneuert am 30. Mai das seit 1298 bestehende Weinzapfprivileg des Klosters Gräfrath.
1472	Am 25. November erhalten die Solinger Schwertschmiede durch Herzog Gerhard von Jülich-Berg ihr erstes Privileg.
1492	Bei einem Feuer brennen am 13. Mai große Teile Solingens nieder.
1521	Ein Stadtbrand richtet verheerenden Schaden an.

Alter bergischer Spruch.

Des Morgens denk an
Deinen Gott,

Des Mittags iß vergnügt
Dein Brod,

Des Abends denk an
Deinen Tod,

Des Nachts verschlafe
Deine Noth.

Alter bergischer Spruch.

1546	Die Spinner, Weber und Tuchmacher in Burg sowie am Jagenberg schließen sich als Zunft zusammen und geben sich eine Satzung.
1560	Herzog Wilhelm V. von Jülich, Kleve und Berg bestätigt Solingen dessen Stadtrechte.
1581	Solingen wird am 23. Juli durch einen Stadtbrand nahezu vollständig zerstört.

Idelberger, Traditionsgeschäft in der Innenstadt Solingens, 1912. Seit 1896 familiengeführt.

1583	Im Bergischen Land, also auch in Solingen, kommt es am 31. Oktober zur Einführung des Gregorianischen Kalenders.
1588	Spanische Truppen plündern und brandschatzen in Solingen.
1589	Gemäß einer am 23. August von Herzog Wilhelm V. von Jülich, Kleve und Berg ausgestellten Genehmigung dürfen in Solingen am 24. Februar sowie am 1. Mai 1590 Jahrmärkte abgehalten werden.
1596	Herzog Johann Wilhelm von Jülich, Kleve und Berg erneuert die Privilegien Solingens.
1603	In Gräfrath kommen die Schützenvereine des Bergischen Landes am 23. Juni zu einem gemeinsamen Fest zusammen.
1614	Während eine Seuche beinahe zweitausend Tote fordert, ziehen Pfalz-Neuburgische Truppen in Solingen ein.
1623	Das im Jahr 1571 verliehene Priveg der Solinger Messermacher wird von Herzog Johann Wilhelm von Jülich, Kleve und Berg bestätigt.
1626	Niederländische Formationen zwingen die Pfalz-Neuburgischen Truppen zum Rückzug aus Solingen.

1643	Eine von Herzog Wolfgang Wilhelm von Pfalz-Neuburg genehmigte Ausbildungsordnung bezüglich des Schwertschmiedehandwerks tritt am 3. November in Kraft.
1656	Die Voraussetzungen, um in den mit Stahlverarbeitung befassten Handwerken Meister werden zu können, werden verbindlich geregelt.
1670	In einem Protokoll des Solinger Stadtrates wird mit Theis Sahm erstmals ein Nachtwächter namentlich genannt.
1692	Herzog Johann Wilhelm von der Pfalz nimmt die Solinger Klingenschmiede, Messermacher und Schleifer von der Pflicht zum Militärdienst aus.
1706	Das die Spinner, Weber und Tuchmacher in Burg sowie am Jagenberg betreffende Privileg aus dem Jahr 1546 wird durch Herzog „Jan Wellem" bestätigt und bezieht nun auch solche in Hörath und Sellscheid mit ein.
1721	Die in Solingen niedergelassenen Brauer werden durch Herzog Karl III. Philipp von der Pfalz in der Weise privilegiert, dass er die Einfuhr und den Verkauf von Bieren aus anderen Orten unter Strafe stellt.
1731	Der Messermacher Peter Henckels lässt „Zwilling" als Markenzeichen seiner Erzeugnisse schützen.
1747	Karl Theodor, Kurfürst von der Pfalz und Herzog von Jülich-Berg, besucht mit seiner Gemahlin Elisabeth Auguste am 17. April Solingen.
1754	Die bisher der Kirche unterstellte Solinger Lateinschule wird in die Verantwortung der städtischen Verwaltung übergeben.
1756	Um keinen verspäteten Aprilscherz handelt es sich am 4. April bei der Drohung des Solinger Bürgermeisters Johann Knecht, Steuerschuldnern die Haustür demontieren und ins Rathaus bringen zu lassen.
1771	Die Stadt Solingen beginnt das neue Jahr mit einer Schuldenlast in Höhe von 15.403 Reichstalern.
1777	Die reformierte Kirche beginnt am 2. Juli dort, wo Kölner Straße und Birkerstraße aufeinandertreffen, mit dem Bau eines Armenhauses.
1793	Eine offizielle Zählung ergibt, dass im Bereich der Solinger Scherenfabrikation knapp 200 Meister tätig sind.
1796	Der spätere französische Kriegsminister Nicolas Jean de Dieu Soult heiratet in Solingen am 27. April die dort beheimatete Louise Johanna Elisabeth Berg.
1804	Der an der Kasinostraße gelegene Friedhof wird am 19. Mai seiner Bestimmung übergeben.
1808	Aus den Siedlungen Höhscheid, Katternberg, Rupelrath und Widdert wird die Bürgermeisterei Höhscheid gebildet.
1814	Der schwedische Kronprinz Karl XIV. Johann stattet Solingen einen Besuch ab.
1817	In Solingen wird eine aus Freiwilligen bestehende Bürgerwache eingerichtet.

1826	Ein Verein zur Unterstützung griechischer Christen wird gegründet.
1828	Nachdem 1807 Offenbach am Main die erste deutsche Stadt war, in der eine Hundesteuer erhoben wurde, folgten bald weitere. Solingen führt diese Steuer am 14. Juli ein.
1839	Am einstigen Grashof, etwa dort, wo Kölner Straße und Mummstraße aufeinandertreffen, wird am 3. August mit dem Bau eines neuen Rathauses begonnen.
1840	Solinger Honoratioren gründen die Casino-Gesellschaft.
1843	Der österreichisch-ungarische Komponist und Pianist Franz Liszt gibt auf Einladung der Casino-Gesellschaft am 11. März ein Wohltätigkeitskonzert.
1848	Am 16. März beginnt ein Aufstand der hiesigen Arbeiterschaft, in dessen Folge zahlreiche Eisengießereien in Solingen und Burg zerstört werden.
1853	Prinz Wilhelm Friedrich Ludwig aus dem Hause Hohenzollern, der spätere Kaiser Wilhelm I., ist am 16. Juni in Solingen zu Gast.
1863	Als Ferdinand Lassalle, Präsident des gerade gegründeten Allgemeinen Deutschen Arbeitervereins, am 27. September am Schlagbaum spricht, wird die Versammlung auf Initiative von Bürgermeister Josef Lambert Trip aufgelöst.
1867	Auf der Krahenhöhe wird eine dem Solinger Postamt untergeordnete Poststelle in Betrieb genommen.
1872	Solinger Messerschleifer schließen sich in einem Verein zusammen.
1875	Das Ohligser Polizeigefängnis wird eingeweiht.
1879	In Höhscheid wird eine Telegraphenstation in Betrieb genommen.
1883	Der Ohligser Stadtrat beschließt die Einführung eines Wochenmarktes.
1890	Auf dem Peter-Höfer-Platz in Höhscheid wird eine Statue eingeweiht, die als Kriegerdenkmal gedacht ist und Kaiser Wilhelm I. zeigt.
1897	Die heutige Müngstener Brücke, damals Kaiser-Wilhelm-Brücke, wird am 15. Juli feierlich eingeweiht.
1899	Kaiser Wilhelm II. besucht am 12. August Schloss Burg und die Müngstener Brücke.
1901	Die Lutherkirche wird am 31. Oktober feierlich eingeweiht.
1905	Den Bäckern im Kreis Solingen wird das Kneten von Brotteig mittels ihrer Füße verboten.
1913	Die Straßenbahnlinie zwischen Höhscheid und Landwehr wird am 21. März in Betrieb genommen.
1919	Das während des Ersten Weltkriegs seitens der Stadt Solingen gedruckte Geld verliert am 31. Januar seine Gültigkeit.
1922	Der Botanische Garten öffnet am 28. Mai seine Pforten.

1926	Das in den Wupperbergen zwischen Krahenhöhe und Burg gelegene Hermann-Löns-Denkmal wird eingeweiht.
1928	Es erfolgt die Grundsteinlegung für die Ohligser Badeanstalt.
1931	Innerhalb Solingens gibt es erstmals einen ärztlichen Notdienst.
1936	Die Nationalsozialisten ernennen die Hofschaft Rüden zum Musterdorf.
1939	Alle Linien der städtischen Busse verkehren ab dem 14. Oktober nur noch wochentags.
1940	Im Alter von 85 Jahren stirbt am 19. März „Peffermönzkes Fretz", das wohl bekannteste Original Solingens.
1946	Am 1. Mai wird ein Ausschuss gebildet, der sich mit der Entnazifizierung befasst.
1949	Die Stadt-Sparkasse eröffnet am 19. März ihre in der Graf-Wilhelm-Straße gelegene Hauptstelle.
1951	Der Solinger Leichtathletik-Club e.V. wird gegründet. Es handelt sich um den ersten Sportverein der Bundesrepublik, der sich ausschließlich der Leichtathletik widmet.
1954	Auf dem Klingenring starten am 21. August die Straßen-Weltmeisterschaften der Radfahrer.
1956	Bei der Kommunalwahl können die Sozialdemokraten 48,5 Prozent der Stimmen auf sich vereinigen.
1957	Die Solinger Stadthalle wird am 13. März durch einen Brand vernichtet.
1960	Der Solinger Musikdirektor Werner Saam erleidet am 12. Januar am Dirigentenpult einen Herzschlag und verstirbt.
1964	Der Rat der Stadt Solingen wählt den erst 32 Jahre alten Heinz Dunkel zum jüngsten Oberbürgermeister der Bundesrepublik.
1968	Das am Neumarkt gelegene Monopol-Kino wird gesprengt und an dessen Stelle drei Jahre später das Turmhotel mit angrenzendem Kaufhaus des Karstadt-Konzerns eröffnet.
1973	Mit der Wahl von Elisabeth Roock erhält Solingen seine bisher einzige Oberbürgermeisterin.
1978	Der erste Ehrenpreis der Stadt Solingen, die „Schärfste Klinge", wird Gaston Thorn, Ministerpräsident Luxemburgs, für dessen Verdienste um ein vereintes Europa zuerkannt.
1982	Die erste Solinger Gesamtschule startet am 30. August mit ihrem Unterricht.
1987	Die Fachschule sowie Fachoberschule für Sozialpädagogik in Mittelgönrath wird zu Ehren der Gattin des in Solingen geborenen Alt-Bundespräsidenten Walter Scheel in Mildred-Scheel-Schule umbenannt.

Im November 1908 vor der Metzgerei Jacobs, In der Freiheit 28, im heutigen Solinger Stadtteil Gräfrath.

1993	Fünf aus der Türkei stammende Frauen und Mädchen werden am 29. Mai Opfer eines rassistisch motivierten Brandanschlags.
1999	Am Bahnhof Schaberg stoßen am 11. September zwei Güterzüge zusammen. Fünf Personen werden verletzt.
2001	Die Kardiologie im Städtischen Klinikum nimmt in einem neu errichteten Gebäude ihre Tätigkeit auf.
2005	Die SWS Netze Solingen GmbH, mit der Strom- und Gasversorgung betraut, wird gegründet.
2009	Als Nachfolger von Franz Haug wird Norbert Feith am 30. August zum Oberbürgermeister gewählt.
2011	Zahlreiche Solinger Bürgerinnen und Bürger schauen am 18. Dezember aus sicherer Distanz zu, wie das 68 Meter hohe Turmhotel gesprengt wird.
2015	Tim Kurzbach wird am 29. Oktober als 20. Oberbürgermeister der Stadt Solingen vereidigt und hat dieses Amt auch heute noch inne.
2016	Am 28. Januar beginnen umfassende Maßnahmen zum Erhalt der Müngstener Brücke. Nach deren Entrostung werden etwa einhundert Tonnen Farbe aufgetragen.
2023	Nach gut einjähriger Arbeit wird ein neu gestalteter Ohligser Markt feierlich wiedereröffnet.
2024	Solingen feiert sein 650-jähriges Bestehen als Stadt.

Bildnachweis

Stadtarchiv Solingen: Einband vorne, S. 2 (rechts), 43 (RS 42104); Vorsatz (RS 42176); S. IV/1 (RS 42181); 2 (links), 33 (RS 18367); 2 (Mitte), 49, Einband hinten (rechts) (RS 42111); 2 (rechts), 30 (RS 24427); 3 (links), 7 oben (RS 03100); 8/9 (RS 03065); 12 (RS 27009); 13 (RS 42177); 14 (DIA 06091); 16 (RS 07711); 17 (RS 24077); 19 (RS 08146); 23, Einband hinten (links unten) (RS 42108); 24 (RS 05727); 26/27 (RS 42107); 29 oben (RS 42106); 36 (PK 4450); 37 (RS 42175); 38 (RS 42105); 39 (PK 4450); 41 oben (RS 10543); 41 unten (RS 42178); 42 (RS 09620); 44 (RS 25383); 46 (RS 42103); 47 (PK 7253); 50/51 (RS 42110); 52 (RS 25945); 54 (RS 42102); 57 unten (RS 42101); 58 (RS 12650); 62/63 (RS 42109); 67 oben (RS 42180); 72 (RS 42098); 74/75 (RS 42100); 76 (RS 42099); 86 (RS 00095); Nachsatz (RS 42179);

Stadt Solingen, Pressestelle: S. 4;

Sammlung Olaf Link: S. 3 (Mitte), 7 unten, 11, 18, 20, 29 unten, 31, 55 unten, 59, 69, 70, 73, 79;

Olaf Link: S. 55 oben, 57 oben, 66;

Bergische Heimat, Jahrgang 2, Nummer 2, Ronsdorf, Mai 1928; S. 28;

Monatsschrift des Bergischen Geschichtsvereins, Nr. 3, Elberfeld 1913: S. 34/35, Einband hinten (links oben);

Grundschule Bogenstraße: S. 40;

Ch. Lutter-Link u. O. Link: „Zu Gast sein im Bergischen Land", Siegburg 2004: S. 53;

Jürgen Gerhards, letzter Vorsitzender des MGV Meigen: S. 64, 67 unten;

Andreas Idelberger: S. 80;

Rudolf Jacobs: S. 84.

Alter Markt, 1900. Die verschieferten Häuser waren typisch für die gesamte Stadt.

Vorsatz: Der Meigener Männerchor wie man ihn kannte und liebte.
S. IV/1: Solingen 1884, Zeichnung von Rudolf Cronau (1855–1939).
Nachsatz: Solingen, im Vordergrund Klauberg, um 1910.

Impressum

Sutton Verlag GmbH
Schweickhardtstraße 1
72072 Tübingen
www.suttonverlag.de

Copyright © Sutton Verlag, 2024
ISBN: 978-3-96303-523-4
Printed in Poland by CGS
Gestaltung und Herstellung: Sutton Verlag

In diesem Buch wird aus Gründen der besseren Lesbarkeit das generische Maskulinum verwendet. Weibliche und anderweitige Geschlechteridentitäten werden dabei ausdrücklich mitgemeint, soweit es für die Aussage erforderlich ist.

Sollte dieses Werk Links auf Webseiten Dritter enthalten, so machen wir uns die Inhalte nicht zu eigen und übernehmen für die Inhalte keine Haftung.

Ebenfalls erhältlich ...

Axel Birkenbeul und Olaf Link

Zu Gast in Solingen

Gaststätten und Hotels in alten Fotografien

ISBN 978-3-96303-261-5

Rund 100 beeindruckende Fotoschätze erinnern an Solinger Gaststätten und Hotels in alter Zeit. Zum Erinnern und Wiederentdecken.

SUTTON

www.suttonverlag.de

Ebenfalls erhältlich ...

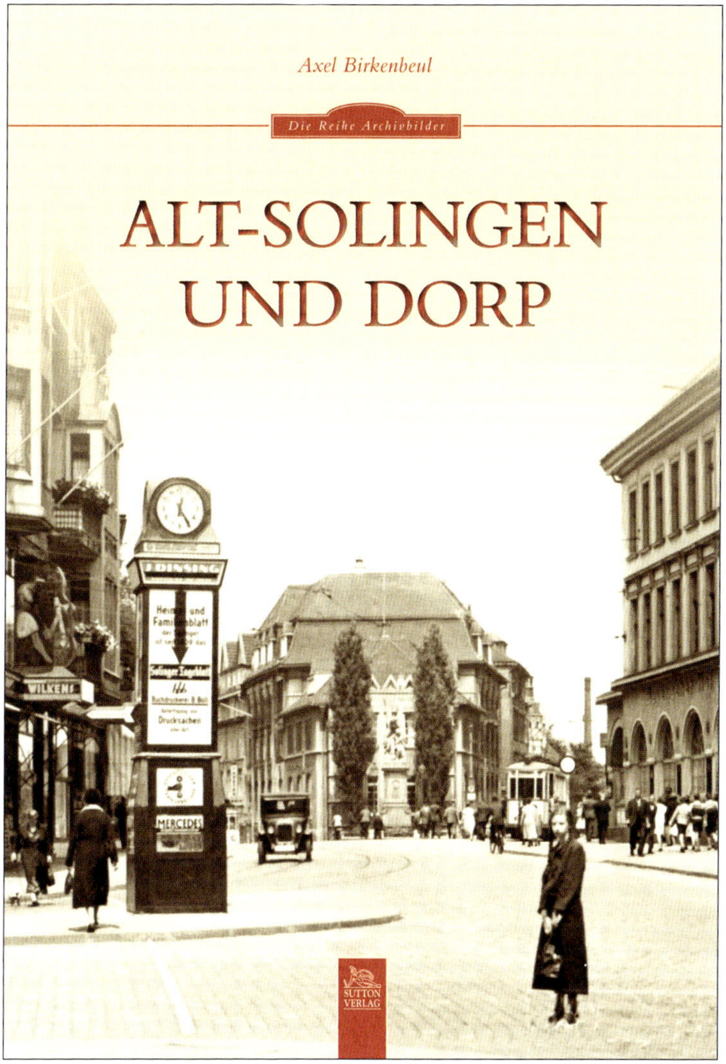

ISBN 978-3-95400-284-9

Dieser Bildband lädt den Leser auf rund 220 historischen Fotografien auf eine unterhaltsame Reise in das alte Solingen mit dem früheren Dorp ein.

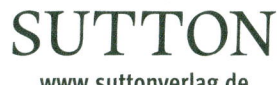

SUTTON

www.suttonverlag.de